Cultures & Conflits
n° 90 - été 2013

Où sont les murs ?
Penser l'enfermement en sciences sociales

Les textes récents de la revue sont accessibles sur :
www.cairn.info/revue-cultures-et-conflits.htm

Actualité de la revue, colloques, séminaires, résumés des articles (français/anglais) et tous les anciens articles publiés sur :
www.conflits.org
Résumés en anglais également disponibles sur :
www.ciaonet.org

Indexé dans *Cambridge Sociological Abstracts*, *International Political Science Abstracts*, PAIS, *Political Sciences Abstracts*, *Linguistics & Language Behavior Abstracts.*

Cultures & Conflits
n° 90 - été 2013

Où sont les murs ?
Penser l'enfermement en sciences sociales

Ce numéro a bénéficié des soutiens du Centre National du Livre, du Centre National de la Recherche Scientifique, du Ministère de la Défense et de TELECOM École de management.

Cultures & Conflits

n° 90 - été 2013

Manuscrits à envoyer à : Cultures & Conflits - bureau F515, UFR DSP, Université de Paris-Ouest-Nanterre, 92001 Nanterre cedex - redaction@conflits.org

Conception de la couverture : Karel Yon

Photographie de couverture : « échapper à la clôture de treillis métallique », sakhorn38 / 123RF Banque d'images

ISBN : 978-2-343-01909-3

SOMMAIRE / OÙ SONT LES MURS ?

Où sont les murs ? Penser l'enfermement en sciences sociales

Mathilde DARLEY, Camille LANCELEVÉE, Bénédicte MICHALON

Mathilde Darley est chargée de recherche CNRS au Centre Marc Bloch de Berlin (UMIFRE 14 – USR 3130). Elle travaille actuellement, dans le cadre du programme ANR TerrFerme (http://terrferme.hypotheses.org/), sur les dispositifs d'enfermement des étrangers en Allemagne et s'intéresse particulièrement aux ressorts de l'action juridique associative dans les centres de rétention administrative. Ses recherches portent également sur la prostitution et sa régulation, et notamment sur les politiques de lutte contre la traite des femmes à des fins prostitutionnelles ainsi que sur l'économie du commerce du sexe en zone frontalière.
Contact : mathilde.darley@cmb.hu-berlin.de

Camille Lancelevée est doctorante au laboratoire Iris (UMR 8156-997, Paris) et au Centre Marc Bloch (Berlin). Dans le cadre de sa thèse de sociologie, elle mène des recherches ethnographiques sur la prise en charge psychiatrique et sur les usages sociaux de la psychiatrie en milieu carcéral en France et en Allemagne. Ses recherches ont également porté sur la gestion carcérale de l'intime et sur la mise en place des Unités de Visites Familiales en prison.
Contact : camille.lancelevee@ehess.fr

Bénédicte Michalon est chargée de recherche CNRS à l'UMR ADESS (5185). Ses travaux portent actuellement sur une lecture spatiale de l'enfermement, et plus spécifiquement sur la rétention administrative des étrangers et l'accueil des demandeurs d'asile. Ayant également travaillé sur les questions migratoires, elle s'intéresse particulièrement à l'intersection enfermement/mobilité et à la production d'un ordre interne, qu'elle analyse à partir d'enquêtes de terrain menées en Roumanie. Elle coordonne depuis 2009 le programme TerrFerme (Les dispositifs de l'enfermement. Approche territoriale du contrôle politique et social contemporain), http://terrferme.hypotheses.org/ (2009-2014).
Contact : b.michalon@ades.cnrs.fr

Depuis quelques années, la France se dote de nouvelles institutions fermées à la frontière du social, du pénal et du médical. Entre 2002 et 2012 a ainsi été programmée la création de plusieurs UHSA [1] censées répondre à l'augmentation drastique du nombre de personnes présentant des troubles mentaux graves en prison [2], l'ouverture d'un Centre Socio-Médico-Judiciaire de Sûreté [3] (ou rétention de sûreté) à Fresnes, la construction de 200 chambres d'isolement supplémentaires dans les services de psychiatrie [4] et de cinq nouvelles Unités pour Malades Difficiles [5], la mise en place de mesures de contention face à la délinquance juvénile (établissements pénitentiaires pour mineurs et centres éducatifs fermés), ou encore la construction de centres de rétention administrative d'envergure inédite, tel celui ouvert au Mesnil-Amelot en août 2011 spécifiquement dédié à l'hébergement des familles en instance d'éloignement du territoire. Dans le même temps, les taux de détention en milieu carcéral n'ont cessé d'augmenter, dépassant le seuil symbolique de 100 personnes détenues pour 100 000 habitants [6]. Autant de preuves d'un nouveau « grand renfermement » [7], qui toucherait les sociétés occidentales ? Explorant cette hypothèse, de nombreux travaux récents voient dans les évolutions contemporaines le signe d'un changement de perception de la déviance et des façons de la traiter, et le retour des principes de la *première défense sociale* [8] marquée par une volonté de neutralisation des individus présentant un danger pour la société. Ce nouveau « grand renfermement » s'inscrirait plus largement dans le *punitive turn* repéré aux États-Unis dans le dernier quart du XXe siècle. Coïncidant avec le déclin de l'État-Providence [9], ce tournant punitif serait

1. Unités hospitalières spécialement aménagées, destinées à accueillir des personnes détenues pour des hospitalisations avec ou sans consentement. Prévues par l'article 48 de la Loi d'Orientation et de Programmation de la Justice du 9 septembre 2002, les premières UHSA (Lyon, Toulouse, Nancy, Villejuif) ont ouvert leurs portes entre 2010 et 2012 et au total, 17 UHSA sont programmées, qui devraient proposer 705 places.
2. Falissard B. (ed.), *Enquête de prévalence sur les troubles psychiatriques en milieu carcéral*, Étude pour le Ministère de la Santé (Direction Générale de la Santé) et le Ministère de la Justice (Direction de l'Administration Pénitentiaire), 2004.
3. Loi n°2008-174 du 25 février 2008 relative à la rétention de sûreté et à la déclaration d'irresponsabilité pénale pour cause de trouble mental.
4. Circulaire DHOS/O2/F2 n°2009-23 du 22 janvier 2009 relative au financement par le Fonds pour la Modernisation des Etablissements de Santé Publics et Privés (FMESPP) du plan d'amélioration de la sécurité des établissements ayant une autorisation en psychiatrie.
5. Circulaire DGOS/PF1/R1 n°2010-470 du 28 décembre 2010 qui prévoit l'ouverture de nouvelles Unités pour malades difficiles (UMD). Les nouvelles UMD sont situées à Albi, Monestier Merlines, Sotteville lès Rouen, Châlons en Champagne, Lyon.
6. Tournier P.-V., *Arpenter le Champ pénal*, Vol. 11, n°325, 3 juin 2013 ; au 1er mai 2013, le taux de détention atteint 103 pour 100 000 habitants, et le taux de placement sous écrou 122 pour 100 000 habitants. Il y a en France aujourd'hui 67 839 personnes détenues pour 57 235 places opérationnelles.
7. Foucault M., *Histoire de la folie à l'âge classique*, Paris, Gallimard, 1972.
8. Marc Ancel, théoricien de la « défense sociale nouvelle » (une défense sociale « impliquant davantage des mesures curatives et rééducatrices que des mesures d'élimination et de neutralisation ») parle de « première défense sociale » pour qualifier les réflexions autour de la réaction sociale au crime développées notamment par Garofalo à la fin du XIXe siècle (Van de Kerchove M., « Risque, dangerosité et sécurité. Renaissance et mutations de la défense sociale », *Déviance et société*, vol. 34, n°4, 2010, pp. 479-482).
9. Wacquant L., « Symbiose fatale. Quand ghetto et prison se ressemblent et s'assemblent », *Actes de la Recherche en Sciences Sociales*, vol. 3, n°139, 2001, pp. 31-52.

caractérisé par une augmentation drastique des taux et des formes d'incarcération [10] et l'instauration de politiques pénales draconiennes [11] visant avant tout les segments les plus pauvres de la population [12] – lesquels trouveraient paradoxalement dans les institutions de cet « État pénal » les services sociaux et soins démantelés dans le reste de la société [13]. Prolongeant la réflexion, amorcée dès 1939 par Rusche et Kirchheimer [14] et développée dans les années 1970 par Michel Foucault, sur l'inscription du dispositif d'enfermement et de ses usages dans le contexte socio-politique qui les porte, certains auteurs [15] ont ainsi posé l'hypothèse que l'enfermement contemporain jouerait un rôle décisif dans la consolidation de l'économie capitaliste. La généralisation de la détention et de l'expulsion comme instruments de contrôle des flux migratoires [16] en fournirait l'exemple le plus criant, témoignant d'un double processus caractéristique de la globalisation économique : le « *de-bordering* » du monde occidental, marqué par l'accroissement des circulations humaines, de marchandises et de capitaux notamment, s'accompagnerait d'un mouvement inverse de « *re-bordering* » des sociétés capitalistes face à certaines mobilités internationales [17]. En conduisant à une criminalisation accrue des migrants [18], ce processus de réaffirmation des frontières contribuerait à la reproduction d'une force de travail vulnérable, que l'insécurité de son statut rendrait particulièrement adaptable aux besoins de marchés du travail segmentés, typiques des économies post-fordistes.

Ce nouveau « grand renfermement » sonnerait ainsi le glas d'une époque qui, succédant à une ère de fermeture progressive des lieux de confinement

10. « Le taux d'incarcération aux États-Unis qui était de l'ordre de 200 pour 100 000 habitants depuis le début du XXe siècle a commencé à augmenter à la fin des années 1980 où il atteint 250, mais la progression s'est maintenue à un niveau très élevé, faisant plus que tripler pour atteindre le niveau de 700 pour 100 000 habitants en 2005 » (Lascoumes P., « Ruptures politiques et politiques pénitentiaires, analyse comparative des dynamiques de changement institutionnel », *Déviance et Société*, vol. 30, n°3, 2006, pp. 405-419).
11. Garland D., *The Culture of Control: Crime and Social Order in Contemporary Society*, Oxford, Oxford University Press, 2001 ; Simon J., *Governing through Crime*, New York, Oxford University Press, 2007.
12. Wacquant L., *Punishing the Poor: The Neoliberal Government of Social Insecurity*, Durham, NC, Duke University Press, 2009, p. 6.
13. Comfort M., "Punishment Beyond the Legal Offender", *Annual Review of Law and Social Science*, vol. 3, n°1, 2007, pp. 271-296 ; Bessin M., Lechien M.-H., Zelem M.-C. et Cambon L., *Soigner en prison. Logiques et pratiques des acteurs de la réforme des soins en milieu pénitentiaire. Étude pilote sur deux sites*, Rapport de recherche au GIP Mission de recherche « Droit et Justice », GRS, 1997.
14. Kirchheimer O. et Rusche G., *Punishment and Social Structure*, New York, Russell and Russell, 1939.
15. Voir notamment Christie N., *L'industrie de la punition : prison et politique pénale en Occident*, Paris, Éditions Autrement, 2003.
16. Bloch A. et Schuster L., "At the Extremes of Exclusion: Deportation, Detention and Dispersal", *Ethnic and Racial Studies*, vol. 28, n°3, 2005, pp. 491-512.
17. De Giorgi A., "Immigration Control, Post-Fordism, and Less Eligibility. A Materialist Critique of the Criminalization of Immigration across Europe", *Punishment & Society*, vol 12, n°2, 2010, pp. 147–167. Voir aussi Valluy J. (dir.), « L'Europe des camps », *Cultures & Conflits*, n°57, 2005.
18. De Giorgi A., *op. cit.*

depuis l'époque moderne [19], avait vu de nombreuses transformations des lieux fermés marquées par un relatif décloisonnement et une forme d'ouverture sur l'extérieur. Figure emblématique des murs et portails hermétiquement clos du XVIIIe et XIXe siècle [20], l'asile psychiatrique s'était par exemple ouvert, dès la fin du XIXe siècle, non seulement à d'autres disciplines de la science médicale, mais aussi à l'environnement social, et plus encore spatial et urbain dans lequel il tendait de plus en plus souvent à s'inscrire [21]. Dans le même temps, le recours à la prison pour punir des comportements délictueux enregistrait une forte baisse, au profit d'autres formes de condamnation (financières notamment [22]) s'inscrivant dans un cycle de réformes guidé par la volonté d'apporter une « réponse réductionniste au problème pénitentiaire » [23].

Cette tendance au désenclavement des institutions fermées, amorcée au tournant du XXe siècle, est généralement présentée comme intrinsèquement liée à l'intervention croissante d'acteurs extérieurs au sein du dispositif, « forces nouvelles » à même de conduire et/ou contraindre au changement des institutions fermées [24] caractérisées par leur force d'inertie [25]. Ainsi, en France, c'est sous l'influence d'un « réseau associatif d'action publique » constitué de militants provenant des champs médical, juridique, philanthropique ou encore religieux qu'est adoptée, en 1885, la législation relative à la libération conditionnelle [26]. À partir de la deuxième moitié du XXe siècle, les interventions d'acteurs extérieurs au sein des lieux d'enfermement se multiplient, tandis que croît le rôle qui leur est dévolu. La mise en place du « service social des prisons » en France en 1945 fait entrer les travailleurs sociaux dans le monde carcéral, tandis que, à la même époque, l'intervention de médecins, psychiatres et psychologues commence à s'institutionnaliser au sein de l'appareil carcéral pour ne cesser, dans les décennies qui suivent, d'y prendre de l'ampleur [27]. À

19. Ammerer G., Bretschneider F. et Weiß A. S. (eds.), *Gefängnis und Gesellschaft. Zur (Vor-) Geschichte der strafenden Einsperrung*, Leipzig, Leipziger Universitätsverlag, 2003.
20. Voir le texte de B. Eyraud et D. Moreau dans ce numéro. Voir aussi Montlibert (de) C., « La production sociale de l'espace construit : de l'asile au secteur psychiatrique », *Regards sociologiques*, n°2, 1991, pp. 61-80 ; Coldefy M., *De l'asile à la ville : une géographie de la prise en charge de la maladie mentale en France*, Thèse de doctorat de géographie, Paris 1, Panthéon-Sorbonne, 2010, p. 134.
21. Comme le montrent ici les textes de Sophie Ledebur et de Benoît Eyraud et Delphine Moreau.
22. Ammerer G., Bretschneider F. et Weiß A. (eds.), *Gefängnis und Gesellschaft. Zur (Vor-) Geschichte der strafenden Einsperrung*, *op. cit.*, p. 10.
23. Faugeron C. et Le Boulaire J.-M., « Prisons, peines de prison et ordre public », *Revue française de sociologie*, vol. 33, n°1, 1992, pp. 3-32. En font également partie les lois sur la relégation, évoquées par Marine Coquet dans ce numéro.
24. Artières P. et Lascoumes P. (eds.), *Gouverner, enfermer. La prison, un modèle indépassable ?*, Paris, Presses de Sciences Po, 2004, reprenant une idée de Simmel G., *Sociologie et épistémologie*, Paris, PUF, 1981.
25. Lascoumes P., « Ruptures politiques et politiques pénitentiaires, analyse comparative des dynamiques de changement institutionnel », *Déviance et Société*, vol. 30, n°3, 2006, pp. 405-419.
26. Kaluszynski M., « Construire la loi. La Société générale des prisons (1877-1900) », in Kaluszynski M. et Wahnich S. (eds.), *L'État contre la politique ? Les expressions historiques de l'étatisation*, Paris, L'Harmattan, 1998, pp. 205-221.

partir des années 1960, les psychiatres jouent également un rôle moteur dans l'élaboration des principes de la sectorisation psychiatrique [28], devant permettre de dépasser le modèle jusqu'alors prévalent de l'asile psychiatrique pour développer des formes de prise en charge « hors les murs ». La place accordée aux acteurs religieux et aux organisations non gouvernementales et caritatives dans l'accompagnement des personnes enfermées augmente également considérablement, de sorte qu'ils constituent désormais souvent des piliers de l'équilibre du dispositif d'enfermement [29]. Cette dynamique d'ouverture s'accélère à partir des années 1970, avec la popularisation du thème de l'État de droit [30] et la multiplication de mobilisations critiques se concentrant notamment sur les institutions réclusives, pointées pour le manque de transparence qui les caractérise [31]. S'instaure alors la progressive reconnaissance de droits spécifiques aux enfermés, mais surtout la constitution d'une part de groupements militants revendiquant ces droits, et d'autre part de procédures et d'instances destinées à en garantir l'effectivité. Le processus de « détotalisation » des lieux d'enfermement, évoqué par certains auteurs, semble alors passer par l'attribution d'une place plus importante au droit dans les rapports sociaux entre les murs [32]. La montée en puissance des droits des prisonniers et le rapprochement du droit pénitentiaire et du droit commun auraient ainsi permis, dans les années 1990, de faire sortir les établissements carcéraux de leur « état d'exception » [33]. En outre, le contrôle associatif que rend possible l'habilitation des acteurs non gouvernementaux à intervenir régulièrement en milieu fermé [34], et la création d'organismes, nationaux et européens, chargés de veiller au respect des droits des enfermés dans les lieux de privation de liberté (tels

27. Rostaing C., « A chacun son psy. La diffusion des pratiques psychologiques en prison », *Sociologies Pratiques*, vol. 2, n°17, 2008, pp. 81-94 ; Renneville M., « Psychiatrie et prison : une histoire parallèle », *Annales Médico-Psychologiques*, n°162, 2004, pp. 653-656 ; Milly B., *Soigner en prison*, Paris, Presses universitaires de France, 2001.
28. Henckes N., *Le nouveau monde de la psychiatrie française : les psychiatres, l'État et la réforme des hôpitaux psychiatriques de l'après-guerre aux années 1970*, Thèse de doctorat, Paris, École des hautes études en sciences sociales, 2007.
29. Sur le rôle des organisations non gouvernementales dans les centres de rétention français, voir par exemple Fischer N., « Jeux de regards. Surveillance disciplinaire et contrôle associatif dans les centres de rétention administrative », *Genèses*, vol. 2, n°75, 2009, pp. 45-65. Sur l'intervention religieuse en rétention dans le contexte allemand, voir Darley Mathilde, « "Trouvez-vous une femme ici et tout s'arrangera..." L'intervention religieuse auprès d'étrangers placés en rétention », *Genre, sexualité & société*, n°8, 2012, Adresse : http://gss.revues.org/2523 ; Darley Mathilde, « Les coulisses de la nation. Genre et ethnicité dans les pratiques d'assistance aux étrangers en situation irrégulière », *Sociétés contemporaines*, 2013, à paraître.
30. Salle G., *La part d'ombre de l'État de droit : la question carcérale en France et en République fédérale d'Allemagne depuis 1968*, Paris, Éditions de l'École des Hautes Études en Sciences Sociales, 2009.
31. *Ibid.*
32. Rostaing C., « Interroger les changements de la prison. Des processus de déprise et de reprise institutionnelle », *Tracés*, vol. 2, n°17, 2009, pp. 89-108 ; Bouagga Y., « Rentrer dans le droit commun ? », *Champ pénal/Penal field*, vol. VII, 2010, Adresse : http://champpenal.revues.org/7898.
33. Lhuilier D. et Veil C. (eds.), *La prison en changement*, Ramonville Saint-Agne, Erès, 2000.
34. Notamment délivrée dans les années 1980 aux organisations de défense des droits des étrangers enfermés. Sur l'histoire et les effets de l'intervention de la Cimade dans les centres de rétention français, voir Fischer N., « Jeux de regards... », *op. cit.*

que par exemple le Contrôle général des lieux de privation de liberté en France ou le Comité de prévention de la torture du Conseil de l'Europe) seraient autant de formes d'injonction à la transparence permettant de porter « hors les murs » la condition enfermée et agissant ainsi comme un puissant vecteur de transformation potentielle du dispositif [35].

Où sont les murs ? Désenclaver l'analyse des lieux fermés

Entre ouverture des établissements à de nouveaux acteurs et création de nouvelles structures d'enfermement, entre humanisation des conditions de vie et sécurisation des lieux fermés, entre protection des droits des usagers et neutralisation des patients / détenus / retenus jugés dangereux, les lieux de privation de liberté résistent à l'application d'une seule grille de lecture par les sciences sociales. Le bref retour esquissé ci-dessus sur les évolutions historiques et contemporaines des institutions fermées suffit en effet à révéler le caractère central de la dialectique ouverture / fermeture dans la manière dont elles ont été pensées, mises en œuvre, aménagées, justifiées et critiquées, quel que soit le contexte politique et historique dans lequel elles s'inscrivent.

Cette dialectique est donc au centre des travaux menés au cours de la dernière décennie, qui cherchent à complexifier la vision, jusqu'alors dominante, d'une prison définie comme un « îlot de réclusion » [36] dans un espace où s'exercerait la liberté d'aller et venir. La dichotomie « dans les murs » / « hors les murs », au cœur du projet goffmanien d'appréhension des institutions totales [37], a progressivement été remise en cause au profit d'une attention nouvelle à l'inscription sociale et spatiale de la prison dans son environnement (notamment urbain), et à leurs influences réciproques [38]. Il s'agissait dès lors d'étudier la prison comme « laboratoire d'analyse du social privilégié » permettant de lire « les principes de structuration des rapports sociaux » [39], autrement dit de l'appréhender « non pas comme une société mais dans la société » [40]. Ont ainsi été mises en évidence les permanences existant, entre le « dedans » et le « dehors », quant aux ressources et capitaux disponibles et à leurs effets sur les trajectoires sociales, hors et dans l'enfermement. La prison est alors apparue comme la « peine du pauvre » [41] par excellence, la population

35. Les effets de ces injonctions à la transparence sur les institutions de réclusion n'ont pour l'instant été que peu étudiés mais font l'objet d'un projet de recherche de Nicolas Fischer en cours de réalisation.
36. Sparks R., "Can Prisons be Legitimate? Penal Politics, Privatization and the Timeliness of an Old Idea", *British Journal of Criminology*, vol. 34, n°5, 1994, pp. 14-28.
37. Goffman plaçait la frontière dedans/dehors au coeur de sa définition des asiles comme « institution totale ». Goffman E., *Asiles : études sur la condition sociale des malades mentaux et autres reclus*, Paris, Éditions de Minuit, 1968.
38. Combessie Ph., *Prisons des villes et des campagnes : étude d'écologie sociale*, Paris, Éditions de l'Atelier, 1996 ; Salle G., « De la prison dans la ville à la prison-ville. Métamorphoses et contradictions d'une assimilation », *Politix*, n°97, 2012, pp. 75-98.
39. Faugeron C., Chauvenet A. et Combessie P., *Approches de la prison*, Bruxelles, De Boeck, 1996.
40. Combessie P., *Sociologie de la prison*, Paris, La Découverte, 2001.

carcérale se distinguant souvent par l'absence combinée de différents capitaux (sociaux, professionnels, économiques, culturels, relationnels, etc.) influençant de manière décisive les trajectoires sociales des personnes détenues mais également la vie quotidienne en situation d'enfermement. Le constat de ces continuités entre l'intérieur et l'extérieur des murs, théorisées par Loïc Wacquant sous le terme de « *continuum* carcéral » [42], a conduit à « décarcéraliser » [43] l'approche de l'enfermement par les sciences sociales. Il s'agissait ainsi non plus d'appréhender la peine de prison comme un « temps à part du système de vie » [44], mais au contraire de la resituer dans un cadre d'expérience élargi aux trajectoires sociales des enfermés [45], ainsi que dans le dispositif de « contrôle social institutionnalisé » [46] plus vaste dans lequel elle s'inscrit. De même, tandis que certains travaux s'attachaient à questionner les effets de l'enfermement sur les pratiques et représentations quotidiennes de migrants en situation irrégulière ayant fait l'expérience de la rétention [47], la désinstitutionnalisation psychiatrique amenait notamment à s'interroger sur les parcours de patients hors des murs de l'hôpital [48].

Les textes réunis dans ce numéro s'inscrivent directement dans ce projet scientifique de décentrement du regard porté sur les lieux fermés, en étudiant la manière dont contexte et lieu d'enfermement sont mutuellement travaillés l'un par l'autre. L'analyse livrée par Fanny Le Bonhomme, traitant de l'influence du parti communiste sur le quotidien des soignés et des soignants dans un hôpital psychiatrique de Berlin-Est dans les années 1960, permet ainsi de poursuivre les pistes de réflexion esquissées ailleurs sur les liens entre enfermement et politique [49]. L'auteure s'intéresse à l'articulation entre l'institution psychiatrique et la société environnante dans le contexte dictatorial de la

41. Marchetti A.-M., *Pauvretés en prison*, Ramonville, Editions Érès, 1997. Voir aussi Aubusson de Cavarlay B., « Hommes, peines et infractions : la légalité de l'inégalité », *L'Année sociologique*, n°35, 1985, pp. 275-309.
42. Loïc Wacquant recourt notamment à ce terme à propos de la sur-représentation des Noirs dans les prisons américaines et postule que le système carcéral endosserait désormais les fonctions d'instrument de contrôle de « caste » et de contention des Afro-Américains qu'exerçait jusqu'alors le ghetto. Voir Wacquant L., « Symbiose fatale... », *op. cit.*
43. Chantraine G., *Par-delà les murs: expériences et trajectoires en maison d'arrêt*, Paris, PUF - Le Monde, 2004.
44. Bouhnik P. et Touzé S., *Héroïne, sida, prison: trajectoires, systèmes de vie et rapport aux risques des usagers d'héroïne incarcérés*, Paris, RESSCOM, 1996.
45. Fernandez F., *Emprises. Drogues, errance, prison : figures d'une dépendance totale*, Bruxelles, Larcier, 2010 ; Chantraine G., *Par-delà les murs : expériences et trajectoires en maison d'arrêt*, Paris, PUF - Le Monde, 2004 ; Cardi C., « Le contrôle social réservé aux femmes : entre prison, justice et travail social », *Déviance et Société*, vol. 31, n°1, 2007, pp. 3-23.
46. Cardi C., *La déviance des femmes. Délinquantes et mauvaises mères : entre prison, justice et travail social*, Thèse de doctorat, Université Paris Diderot - Paris 7, 2008.
47. Le Courant S., « Ce que fait la politique de contrôle de l'immigration », *Champ pénal/Penal field*, 2010, vol. VII. URL : http://champpenal.revues.org/7889 [Consulté le : 20 juin 2013].
48. Velpry L., *Le quotidien de la psychiatrie : sociologie de la maladie mentale*, Paris, Armand Colin, 2008.
49. Jobard, F., « L'ajustement et le hiatus. La prison allemande au cours de l'unification » in Artières P. et Lascoumes P. (eds.), *Gouverner, Enfermer. La prison, un modèle indépassable ?*, Paris, Presses de Sciences Po, 2004, pp. 83-110.

RDA. À partir d'un important travail d'archives au sein de la clinique psychiatrique de la Charité (Berlin-Est), elle analyse la manière dont les catégories d'ordonnancement ayant cours hors les murs, et relatives notamment à l'appartenance ou non au parti communiste, modèlent la relation soignants / patients dans les murs de la clinique. Revenant sur les archives du même hôpital au siècle précédent, le texte de Sophie Ledebur examine comment la première clinique neuropsychiatrique, créée en 1871 à Berlin, a permis de redéfinir les liens entre disciplines médicales et, partant, la forme des soins dispensés, mais aussi de faire émerger des symptômes et des maladies jusqu'alors ignorés et que l'ouverture de la clinique sur son environnement urbain a contribué à révéler. Autrement dit, resituer l'institution dans le contexte médical et surtout urbain qui l'a vue naître et questionner ces effets contextuels sur le comportement des soignants comme des patients permet ici d'éclairer la manière dont l'ouverture de l'institution psychiatrique à d'autres publics a conditionné à la fois l'émergence d'une discipline, la neuropsychiatrie, et la catégorisation des pathologies qui lui sont associées. A la même époque (fin du XIXe siècle), Marine Coquet questionne la construction conjointe du bagne et de la ville de Saint-Laurent-du-Maroni, en Guyane française, et les intrications que ce double projet urbain / carcéral singulier fait naître entre les structures sociales dans et hors les murs. Elle interroge alors, à la lumière de cette configuration singulière, la pertinence de la notion goffmanienne d'institution totale pour penser la carcéralisation coloniale. Dans une perspective contemporaine, Caroline Touraut revient sur la manière dont l'ouverture des prisons aux proches de détenus a certes contribué à conférer une certaine porosité à la frontière entre intérieur et extérieur de l'institution, mais aussi à étendre l'emprise et le stigmate carcéraux au-delà des murs. La comparaison proposée par David Scheer, dans le contexte belge, entre un établissement pénitentiaire édifié en 1876 et un établissement récent de 2002, questionne la capacité de ce dernier à répondre aux critiques formulées à l'encontre du caractère défensif et déshumanisant des dispositifs de fermeture et de contrôle des établissements plus anciens. L'ethnographie des pratiques des agents de contrôle et des personnes détenues révèle en effet des formes d'appropriation du lieu transcendant largement les politiques initiales d'ouverture ou de fermeture ayant accompagné leur édification et/ou leur aménagement. Dans une perspective historique plus longue, Benoît Eyraud et Delphine Moreau se penchent sur le développement successif et concomitant de politiques d'ouverture et de fermeture de l'institution psychiatrique, évolutions morphologiques qui s'articulent à des transformations du droit et des pratiques de soin. S'appuyant sur l'analyse des archives de l'hôpital du Vinatier, les auteurs questionnent les incidences, sur l'enfermement psychiatrique et ses usages, du dispositif spatial, légal et discursif censé l'encadrer. La restitution des évolutions historiques de ce dispositif depuis le XIXe siècle et l'étude de sa mise en pratiques permettent d'observer la manière dont les acteurs médicaux composent avec les politiques successives d'ouverture et de fermeture du lieu et justifient leurs arrangements avec le droit.

Autrement dit, se saisissant du paradoxe (souvent souligné par les travaux de sociologie carcérale) relatif au caractère « définitivement archaïque et résolument moderne » [50] des institutions d'enfermement, les textes proposés ici interrogent les effets des évolutions dites « modernisatrices » du dispositif spatial et/ou législatif régissant l'enfermement sur les pratiques au sein des lieux concernés, et questionnent par là même la pertinence de la dialectique ouverture / fermeture pour penser les pratiques quotidiennes du lieu fermé.

Enfermement et (im)mobilités : contrôler les circulations, gouverner les populations ?

Le projet de dépassement de la dialectique ouverture / fermeture et de son corollaire immobilisation / mobilités passe également par une réflexion sur la spatialité de l'enfermement, lue au prisme des mobilités [51]. Le concept de « mobilité gouvernementale » [52], notamment, a permis de saisir la tension entre mobilité et enfermement à l'œuvre dans les institutions de privation de liberté : il englobe en effet tous les types de déplacements des populations enfermées émaillant la période de réclusion, et qui sont décidés et organisés par l'autorité. Qu'elles soient liées à la routine de l'institution (procédures, répartition des enfermés entre les établissements, etc.) ou punitives [53], ces mobilités gouvernementales perturbent et/ou transforment en effet les institutions et les rapports sociaux en leur sein [54]. En ce sens, la mobilité est un élément constitutif du dispositif de confinement, au même titre que l'immobilisation : le caractère contraignant et/ou punitif de l'enfermement ne réside pas nécessairement dans l'impossibilité de la mobilité, mais peut à l'inverse se nicher dans le déplacement et le contrôle de celle-ci – ce dont atteste l'usage de la surveillance électronique [55]. La mobilité des personnes recluses peut même

50. Chantraine G., *Par-delà les murs...*, *op. cit.*, p. 1.
51. Gilmore R. W., *Golden Gulag: Prisons, Surplus, Crisis, And Opposition in Globalizing California*, University of California Press, 2007.
52. Gill N., "Governmental Mobility: The Power Effects of the Movement of Detained Asylum Seekers around Britain's Detention Estate", *Political Geography*, n°28, 2009, p. 187.
53. Michalon B., « La mobilité au service de l'enfermement ? Les centres de rétention pour étrangers en Roumanie », *Géographie et cultures*, n°81, 2012, pp. 89-108 ; Michalon B., "Mobility and Power in Detention. The Management of Internal Movement and Governmental Mobility in Romania", in Moran D., Gill N. et Colon D. (eds.), *Carceral Geographies: Mobility and Agency in Imprisonment and Migrant Detention*, Ashgate, Farnham, 2013, pp. 37-55. Sur les transferts organisés par l'administration pénitentiaire pour « briser toute tentative de reconstruction de liens et d'ébauche de plan pouvant aboutir à une nouvelle tentative [d'évasion] », voir Chantraine G., *Par-delà les murs...*, *op. cit.*, p. 125.
54. Gill N., "Governmental Mobility: The Power Effects of the Movement of Detained Asylum Seekers around Britain's Detention Estate", *Political Geography*, n°28, 2009, pp. 186-196 ; Gill N., "Longing for Stillness: the Forced Movement of Asylum Seekers", *M/C Journal: A Journal of Media and Culture*, 2009, vol.12, n°1. URL : http://www.journal.media-culture.org.au/index.php/mcjournal/article/viewArticle/123 [Consulté le 20 juin 2013]. Voir aussi Cliquennois G., « Vers une gestion des risques légitimante dans les prisons françaises ? », *Déviance et Société*, vol. 30, n°3, 2006, pp. 355-371 ; Moran D., Piacentini L. et Pallot J., "Disciplined Mobility and Carceral Geography: Prisoner Transport in Russia", *Transactions of the Institute of British Geographers*, vol. 37, n°3, 2012, pp. 446-460.
55. Gill N., "Mobility Versus Liberty? The Punitive Uses of Movement Within and Outside

devenir l'objectif premier d'institutions saturées telles que les urgences psychiatriques qui, confrontées à un dispositif psychiatrique lacunaire, consacrent une large partie de leur activité quotidienne à « produire des lits vides » (*produce empty beds* [56]).

Cette approche du confinement comme un dispositif mouvant, aux frontières floues [57], et pouvant se localiser dans les espaces de la mobilité [58], invite également à penser les effets de seuil internes au lieu d'enfermement. L'ordre interne des institutions fermées s'organise en effet, en grande partie, autour de la gestion des flux de personnes [59] : si la configuration matérielle des lieux est généralement pensée pour contrôler, canaliser, freiner voire empêcher, par des formes de discontinuités architecturales [60], ces déplacements, il s'agit aussi parfois de les fluidifier et de les encourager. Relevant aussi du libre arbitre de chacun, ces mouvements illustrent également les marges de manœuvre qui existent en ces lieux, dans les limites définies et/ou tolérées par l'institution. Le texte de Sophie Ledebur, dans ce numéro, sur la polyclinique de la Charité à Berlin à la fin du XIXe siècle, révèle comment cette institution nouvelle dans le paysage médical a permis d'organiser la mobilité des patients, en réponse tant à une volonté d'ouverture de l'institution sur son environnement qu'aux tentatives de la discipline psychiatrique d'atteindre une patientèle nouvelle (et, par là même, de potentiels signes cliniques nouveaux) que les asiles fermés n'avaient pas permis d'appréhender. Le texte de Benoît Eyraud et Delphine Moreau traitant des évolutions, sur près d'un siècle, de l'usage de la contrainte au sein de l'asile de Bron révèle lui aussi l'organisation institutionnelle de cir-

Carceral Environments", in Moran D., Gill N. et Colon D. (eds.), *Carceral Geographies: Mobility and Agency in Imprisonment and Migrant Detention*, Ashgate, Farnham, 2013, pp. 19-35.

56. Rhodes L., *Emptying Beds: The Work of an Emergency Psychiatric Unit*, Berkeley, University of California Press, 1995, p. 14.
57. Allspach A., "Landscapes of (Neo-)Liberal Control: the Transcarceral Spaces of Federally Sentenced Women in Canada", *Gender, Place & Culture*, vol. 17, n°6, 2010, pp. 705-723 ; Baer L. D. et Ravenberg B., "The Outside and Inside in Norwegian and English Prisons", *Geografiska Annaler*, vol. 90, n°2, 2008, pp. 205-216 ; Comfort M., "In The Tube At San Quentin. The 'Secondary Prisonization' of Women Visiting Inmates", *Journal of Contemporary Ethnography*, vol. 32, n°1, 2003, pp. 77-107 ; Comfort M., *Doing Time Together: Love and Family in the Shadow of the Prison*, Chicago, University of Chicago Press, 2008 ; Milhaud O., *Séparer et punir. Les prisons françaises : mise à distance et punition par l'espace*, Thèse de doctorat, Bordeaux, Université Michel de Montaigne-Bordeaux III, 2009. Voir aussi l'analyse des déplacements contraints comme mode de contrôle, par les employeurs, de la main d'œuvre étrangère (Bruslé T., « Être migrant, rester paysan ? Constructions territoriales et appartenances spatiales des migrants temporaires népalais en Inde », in Dupont V. et Landy F. (eds), *Circulation et territoire dans le monde indien contemporain*, Paris, Purushartha, EHESS, 2010, pp. 161-188 ; Zeneidi D., « Migrations circulaires et déni de reconnaissance, l'expérience de l'injustice spatiale des saisonnières agricoles marocaines à Huelva (Espagne) », *Justice spatiale, Spatial Justice*, n°3, 2011, pp. 1–22).
58. Voir Kobelinsky C., Makaremi C. (eds), « Confinement des étrangers : entre circulation et enfermement », *Cultures & Conflits*, n°71, 2008.
59. Kantrowitz l'a démontré dès les années 1960-1970, voir Kantrowitz N., *Close Control. Managing a Maximum Security Prison: the Story of Ragen's Stateville Penitentiary*, New York, Harrow and Heston, 1996.
60. Milhaud O., *Séparer et punir...*, *op. cit.*

culations au sein de l'établissement, dont l'ampleur varie notamment en fonction de la participation des patients à l'activité économique de l'établissement. Enfin, sur la période contemporaine, le texte de David Scheer traite également des circulations et de leurs usages institutionnels dans les prisons contemporaines belges : il y analyse notamment les stratégies déployées par les acteurs du contrôle pour éviter le stationnement des détenus en certains points stratégiques du lieu fermé, tout en mettant en lumière les mobilités différenciées, au sein du lieu d'enfermement, en fonction du statut des enfermés.

Ouvrir et (re)fermer les lieux fermés : de l'apparent paradoxe au *continuum* stratégique ?

Entre immobilisation et mobilités, ouverture et fermeture, humanisation et sécurisation, « déprise » et « reprise » institutionnelle [61], ce que traduisent finalement les développements présentés ci-dessus, c'est non seulement la complexité des politiques de l'enfermement comme mode de gouvernement des populations mais aussi le défi que leurs transformations progressistes et néolibérales récentes posent aux sciences sociales. Si l'on garde l'exemple français précédemment évoqué, la dépénalisation de certaines infractions (l'adultère en 1975, l'homosexualité en 1982), le développement d'alternatives à l'enfermement carcéral [62] ou l'abolition de la peine de mort s'inscrivent en effet dans le même mouvement que l'introduction de nouvelles peines incompressibles [63] et participent donc d'un processus ambivalent de « décarcéralisation » tout autant que de renforcement/d'extension de la contrainte carcérale. Exemple emblématique, le bracelet électronique, présenté par l'administration pénitentiaire française comme une alternative à la détention en établissement carcéral et destiné à surveiller les déplacements des condamnés hors détention, aurait pour corollaire une transformation profonde de la dimension spatiale de l'enfermement [64]. Loin de remplacer l'espace carcéral classique, la surveillance électronique s'y ajouterait, « relan(çant) et étend(ant) la gestion carcérale de l'espace » [65]. Au-delà de l'écartèlement apparent entre humanisation et sécurisation, on serait donc en présence d'une forme de gouvernementalité inédite et intrinsèquement cohérente, qualifiée par certains de « post-disciplinaire » [66]. Concomitante d'un mouvement de transparence accrue des lieux fermés et de multiplication des acteurs impliqués, cette nouvelle forme de

61. Rostaing C., « Interroger les changements de la prison. Des processus de déprise et de reprise institutionnelle », *Tracés*, vol. 2, n°17, 2009, pp. 89-108.
62. Voir par exemple l'introduction dans le droit français du travail d'intérêt général en 1983 et du placement sous surveillance électronique en 1997.
63. Snacken S. et Tubex H., « L'évolution des longues peines... Aperçu international et analyse des causes », *Déviance et société*, vol. 19, n°2, 1995, pp. 103-126.
64. Razac O., « Le bracelet électronique et la virtualisation de l'enfermement », *Cultures et Sociétés*, n°10, 2009, pp. 52-57.
65. Razac O., « Le placement sous surveillance électronique mobile (PSEM) : un nouvel espace de la peine ? », *Cahiers sur la sécurité*, n°12, 2010, p.209.
66. Chantraine G., « La prison post-disciplinaire », *Déviance et Société*, vol. 30, n°3, 2006, pp. 273-288.

gouvernementalité resterait toutefois marquée par la mainmise de l'administration des lieux fermés. Autrement dit, l'ouverture des lieux de confinement à de nouveaux acteurs aurait certes conduit l'administration à leur concéder « une prise sur l'exercice de sa force », mais en s'assurant cependant « la maîtrise de leur intervention » [67]. Surtout, cet enfermement « post-disciplinaire » s'articulerait désormais autour d'une gestion actuarielle des déviances visant à écarter les groupes à risque [68]. A une « gestion différenciée des illégalismes » [69] arrimée aux caractéristiques sociales des groupes concernés auraient ainsi succédé des formes différenciées de régulation des déviances reposant cette fois sur une « gestion prévisionnelle des populations » [70] et des risques dont elles sont potentiellement porteuses.

Entre les murs, l'administration pénitentiaire organise également un tri de la population pénale qu'elle peut désormais affecter dans des régimes de détention différenciés [71] pouvant à la fois signifier un allègement de la contrainte et/ou une amélioration du confort pour certains groupes de détenus et, au contraire, une sécurisation accrue des conditions de détention pour d'autres. Le modèle du « Supermax » (ou « *control units* », développées dans les prisons fédérales américaines depuis les années 1980) [72], au sein duquel les personnes détenues sont soumis à des formes extrêmes de déprivation sensorielle et de surveillance, constitue une forme archétypale de ces spécialisations spatiales. Loin de conclure à une équation entre accès aux droits, ouverture et humanisation des lieux, on peut donc au contraire poser l'hypothèse que l'augmentation de la place accordée aux procédures légales a pu / peut également servir à justifier un recours accru à la contrainte – en témoigne notamment l'analyse livrée dans ce numéro par Benoît Eyraud et Delphine Moreau à propos de l'hôpital psychiatrique.

Différents travaux en sociologie de la prison ont d'ailleurs montré que l'augmentation du niveau de confort et de la place faite aux droits des détenus dans les nouvelles prisons pouvait venir pallier l'absence de perspectives réha-

67. *Ibid.*
68. Feeley M. et Simon J., "The New Penology: Notes on the Emerging Strategy of Corrections and its Implications", *Criminology*, vol. 30, n°4, 1992, pp. 449-474. ; Mary Ph., « Pénalité et gestion des risques : vers une justice "actuarielle" en Europe », *Déviance et Société*, vol. 25, n°1, 2001, pp. 33-51.
69. Sur le sens conféré par Foucault à cette notion, voir Foucault M., *Surveiller et Punir. Naissance de la prison*, Paris, Gallimard, 1975. Sur la pertinence de la notion de « gestion différenciée des illégalismes » pour penser les rapports de domination contemporains dans lesquels sont pris l'ensemble des individus aux prises avec l'Etat, voir Fischer N., Spire A. (eds.), « L'Etat face aux illégalismes », *Politix*, vol. 22, n°3, 2009, pp. 7-20.
70. Castel R., *La gestion des risques : de l'anti-psychiatrie à l'après-psychanalyse*, Paris, Éditions de Minuit, 1981.
71. Cliquennois G., « Vers une gestion des risques légitimante dans les prisons françaises? », *Déviance et Société*, vol. 30, n°3, 2006, pp. 355-371.
72. Rhodes L., *Total Confinement: Madness and Reason in the Maximum Security Prison*, Berkeley, University of California Press, 2004 ; Bouagga Y., « Qui sont les "pires des pires" ? Des usages des classifications en Supermax aux États-Unis », *Déviance et Société*, vol. 34, n°2, 2010, pp. 201-216.

bilitatrices [73], voire conforter une « définition atomiste » [74] des personnes détenues, pourvues de droits plutôt que membres d'une collectivité. L'« individualisation » des stratégies et l'instrumentalisation intensifiée des rapports sociaux en prison qui en découleraient [75] s'avèreraient alors incompatibles avec l'avènement de la « paix sociale » et favoriseraient même, au contraire, l'irruption de la violence en prison [76]. Le texte de David Scheer, s'appuyant sur une ethnographie comparée de deux prisons belges, montre ainsi que les prisons modernes, promesses d'un confort accru tant pour les détenus que pour les agents pénitentiaires, sont également porteuses de nouvelles conflictualités. Dans le même ordre d'idées, la construction contemporaine d'un espace intime dans le dispositif carcéral a certes été présentée comme une forme d'humanisation de la sanction, mais différents travaux ont montré que cet aménagement avait également pour effet un contrôle accru, et des formes d'injonction biographique pour les personnes incarcérées [77]. L'ouverture (relative) de l'institution pénitentiaire aux proches de détenus (au nom du droit à la vie privée) a en outre également eu pour effet d'augmenter la contrainte pesant sur ces derniers [78] (en termes de responsabilité et de contrôle sur la trajectoire et l'éventuelle réinsertion du détenu notamment) – sans par ailleurs les dégager de l'emprise du « stigmate carcéral » [79], comme le montre l'analyse développée par Caroline Touraut dans ce numéro.

Réunir ici historiens, sociologues et criminologues procède donc de la volonté, initiée lors d'un colloque organisé à Berlin en décembre 2011 [80], d'instaurer un dialogue encore balbutiant entre les disciplines pour penser

73. Chantraine, G., « Le temps des prisons. Inertie, réforme et reproduction d'un dispositif institutionnel » in Artières P., Lascoumes P (dir.)., *Gouverner, enfermer. La prison, un modèle indépassable ?*, Paris, Presses de Sciences Po, 2004, pp. 57-82.
74. Salle G., « Des "infimes matérialités carcérales" à "l'État de droit". Prison et Rechtstaat en RFA depuis 1968 », *Droit et Société*, n°69-70, 2008, pp. 507-518.
75. Chantraine G., « La prison post-disciplinaire », *Déviance et Société*, vol. 30, n°3, 2006, pp. 273-288.
76. Chauvenet A., Orlic F. et Rostaing C., *La violence carcérale en question*, Paris, Presses universitaires de France, 2008.
77. Cardon C., « L'organisation de la sexualité en prison comme instrument de gestion des longues peines », *Revue internationale de criminologie et de police technique et scientifique*, vol. 52, 1999, pp. 315–321 ; Lancelevée C., « Une sexualité à l'étroit. Les Unités de Visite Familiale et la réorganisation carcérale de l'intime », *Sociétés Contemporaines*, vol. 3, n°83, 2011, pp. 107-130.
78. Comfort M., "In The Tube At San Quentin. The 'Secondary Prisonization' of Women Visiting Inmates", *Journal of Contemporary Ethnography*, vol. 32, n°1, 2003, pp. 77–107 ; Touraut C., *La famille à l'épreuve de la prison*, Paris, Presses Universitaires de France, 2012 ; Ricordeau G., *Les détenus et leurs proche : solidarités et sentiments à l'ombre des murs*, Paris, Éditions Autrement, 2008.
79. Combessie P., « Ouverture des prisons : jusqu'à quel point ? » in Veil C. et Lhuilier D. (eds.), *La prison en changement*, Ramonville Saint-Agne, Érès, 2000, pp. 69-99.
80. Le colloque international et pluridisciplinaire sur les « Pratiques, acteurs et espaces de l'enfermement : Circulations et transferts » s'est tenu à Berlin du 1er au 3 décembre 2011. Il était organisé par Falk Bretschneider, Mathilde Darley, Camille Lancelevée, Bénédicte Michalon et Thomas Scheffer en partenariat avec l'Université Humboldt (Berlin), le Centre Marc Bloch (Berlin), le programme de recherche TerrFerme (ANR / Conseil Région d'Aquitaine), le CRIA (EHESS), l'IRIS (EHESS) et l'Université franco-allemande.

l'enfermement et ses murs. La confrontation d'analyses ancrées dans différents contextes historiques, politiques et sociaux révèle en effet la permanence de la dialectique ouverture / fermeture dans les politiques d'enfermement, et permet surtout d'en appréhender les effets paradoxaux sur les pratiques des acteurs, dans et hors les murs. Se dessine alors une cartographie complexe de la gestion des illégalismes par l'enfermement.

Au croisement des logiques politiques et médicales : les « patients-camarades » des services psychiatriques de la Charité
(Berlin-Est, République démocratique allemande, 1959-1964)

Fanny LE BONHOMME

Fanny Le Bonhomme est Doctorante (CERHIO, Rennes 2 / Potsdam – Centre Marc Bloch, Berlin). Elle prépare une thèse d'histoire sous la direction de Thomas Lindenberger (Zentrum für Zeithistorische Forschung, Potsdam) et Jacqueline Sainclivier (CERHIO, Rennes 2).

« Montrez-moi votre carte, si vous êtes camarade » [1]. Cette phrase est issue d'un dossier médical et a été prononcée en mars 1960 par un patient de la clinique psychiatrique et neurologique de la Charité (Berlin-Est, RDA). Le terme de « camarade » renvoyant à l'appellation des membres du parti communiste, elle traduit la volonté de ce patient de connaître l'appartenance politique du soignant qui lui fait face. Ce jour-là, L.R. refuse l'administration d'un soin, il demande à voir la carte du parti de son interlocuteur, menace de se plaindre au Comité central et exige qu'on aille chercher un « médecin-camarade » [2]. Ce faisant, il active son capital politique (il appartient lui-même – et de longue date – au parti communiste) et fait donc passer la logique politique avant la logique médicale. Cette irruption du politique dans les murs d'un service psychiatrique peut tout d'abord susciter un certain étonnement. Cet événement est d'ailleurs suffisamment inhabituel pour que le rédacteur juge nécessaire de le consigner dans le dossier afin d'illustrer cet accès d'agressivité. On est spontanément frappé par le croisement des logiques politiques et médicales, qui se noue dans la volonté du patient de se faire soigner par un « médecin-camarade ». Un travail de contextualisation peut

1. « Zeigen Sie mir Ihren Ausweis, daß Sie Genossen sind. Ich werde mich beim ZK beschweren. Holen Sie sofort Herrn Dr H. » HPAC [Historisches Psychiatriearchiv der Charité], M, 116 / 60. Krankengeschichte, Verlauf, 3.3.60. [Traduction de l'auteur]

2. Les initiales des patients ont été anonymisées.

cependant permettre de dépasser cet étonnement premier pour tenter d'expliquer cette réaction *a priori* inadéquate. On fait alors appel aux multiples « contexte[s] [...] qui lui donne[nt] sens et forme » [3].

Il convient tout d'abord de replacer cet incident dans le contexte général de la RDA, qui appartient, depuis sa fondation en 1949, à l'Europe communiste. La réalité du pouvoir y est concentrée entre les mains du parti communiste (SED), dont le projet politique de transformation sociale vise à l'avènement d'une « société socialiste » [4]. L'espace social de la RDA – en tant que structure de distribution des capitaux – possède une caractéristique commune aux sociétés de type soviétique : le capital économique y est officiellement mis hors jeu tandis que le capital politique se voit hissé au premier plan et peut apparaître comme un « nouveau principe orchestrateur » [5]. Appartenir au parti communiste permet d'être identifié comme un partisan du régime, mais également d'accéder aux postes de responsabilité dans le pays. Un référentiel identitaire qui sépare les camarades des autres joue à plein dans le fonctionnement interne de la société est-allemande [6]. Le capital politique est donc un élément important pour rendre compte de la distribution des pouvoirs et des privilèges au sein de l'espace social, ce qui explique en partie la réaction de ce patient. A une autre échelle, son expérience biographique permet également d'éclairer l'incident. Né en 1904, maçon de formation, L.R. est engagé en politique depuis plus de 25 ans. Il a appartenu au parti communiste allemand (KPD) avant la création du SED en 1946 [7]. C'est donc un communiste de la première génération. Son expérience politique s'est forgée pendant la période nazie, au cours de laquelle il a passé six ans en camp de concentration. Après 1945, il connaît une promotion sociale significative puisqu'il devient maire et travaille ensuite au contrôle gouvernemental. Dans cette situation conflictuelle qui l'oppose à l'équipe soignante, il n'accorde pas d'autre légitimité que celle qui l'a accompagné une grande partie de son existence et que confère uniquement le parti. Son parcours politique constitue bien un facteur supplémentaire pour expliquer sa volonté d'aller chercher un autre médecin. S'affirmant « camarade », L.R. saisit cette occasion pour contourner son rôle de patient, afin de reprendre la main dans sa relation avec l'équipe soignante.

Cette courte étude de cas illustre l'une des modalités selon lesquelles le politique – sous la forme de l'engagement militant – peut s'inviter entre les

3. Revel J., « Présentation », in Revel J. (ed.), *Jeux d'échelles. La micro-analyse à l'expérience*, Paris, Seuil, 1996, p. 12.
4. Le SED (*Sozialistische Einheitspartei Deutschlands*, Parti socialiste unifié allemand) est fondé le 21 avril 1946, il est issu de la fusion du parti social-démocrate allemand (SPD, *Sozialdemokratische Partei Deutschlands*) et du parti communiste allemand (KPD, *Kommunistische Partei Deutschlands*) de la zone d'occupation soviétique.
5. Pennetier C., Pudal B., « La volonté d'emprise », in Pennetier C., Pudal B. (eds.), *Autobiographies, autocritiques, aveux dans le monde communiste*, Paris, Belin, 2002, pp. 15-39.
6. Dans les années 1960, environ 9 à 10 % de la population de RDA appartient au SED.
7. Voir note 4.

murs d'un service psychiatrique en RDA et influencer les stratégies mises en œuvre par ses acteurs, notamment quand il s'agit de « patients-camarades ». Cette pénétration du politique dans le quotidien psychiatrique ouvre nombre de questionnements qui portent à la fois sur le fonctionnement interne du parti communiste, sur les mécanismes inhérents à la société est-allemande mais également sur la valeur heuristique d'un tel observatoire. En RDA comme ailleurs, les services psychiatriques accueillent des individus qui se trouvent, de manière plus ou moins durable, à la marge de la société environnante. De la névrose à la psychose, de la dépression à la schizophrénie, les troubles mentaux traduisent tous un « décrochage » opéré entre l'individu et la société, qu'il se manifeste ponctuellement ou qu'il s'inscrive dans la durée. Cependant, l'expérience sociale de ces individus, si elle prend une forme exacerbée, ne s'inscrit pas moins dans le contexte social et historique dont ils sont issus. En nous penchant sur les « patients-camarades », nous faisons donc le choix d'entrer dans la société de RDA par ses marges, afin d'interroger d'une manière inédite les logiques de pénétration de la société par le politique.

Les services psychiatriques de la clinique psychiatrique et neurologique de la Charité tiendront lieu d'observatoire à cette étude. Comme son nom l'indique, cette clinique, qui fait partie de l'ensemble hospitalier le plus important de RDA, comprend à la fois des services de psychiatrie et des services de neurologie, suivant la tradition allemande qui associe les deux disciplines [8]. Il s'agit d'un établissement urbain, situé à Berlin-Est, non loin de la zone-frontière puis du mur de Berlin érigé en août 1961. Les services psychiatriques y accueillent des patients qui se présentent pour la plupart de façon volontaire, de leur propre initiative ou sur la recommandation d'un médecin. Les diagnostics font généralement état de troubles névrotiques ou d'états dépressifs. Quant aux séjours, ils sont principalement de courte ou de moyenne durée. Dans le cadre de notre étude, nous nous intéressons à la période des années 1960, qui sont marquées par la direction du professeur Karl Leonhard (1957-1969) et qui voient, à l'échelle de la RDA, l'achèvement des grands bouleversements économiques et sociaux amorcés au cours de la décennie précédente.

Bien que notre étude se concentre sur la situation des « patients-camarades », il convient d'esquisser un rapide tableau concernant le positionnement politique des médecins, afin d'appréhender le contexte au sein duquel vont se jouer les interactions que nous nous proposons d'analyser. Tout au long de l'existence de la RDA, seule une minorité de médecins appartient au SED [9]. Plusieurs raisons expliquent cette situation, au premier rang desquelles

8. Sur l'histoire de la Charité, voir : Bleker J., Hess V. (eds.), *Die Charité. Geschichte eines Krankenhauses*, Berlin, Akademieverlag, 2010 ; Herrn R., Hottenrott L. (eds.), *Die Charité zwischen Ost und West 1945-1992. Zeitzeugen erinnern sich*, Berlin, bebra Verlag, 2010. Sur la clinique neurologique et psychiatrique de la Charité, voir : Atzl I., Hess V., Schnalke V., *Zeitzeugen Charité. Arbeitswelten der Psychiatrischen und Nervenklinik 1940-1999*, Münster, LIT Verlag, 2005. Voir également l'article de Sophie Ledebur dans ce numéro.

9. D'après A. Hecht, 16 % des médecins appartiennent au SED en RDA. Hecht A., *Die*

on peut citer l'orientation politique plutôt conservatrice qui caractérise cette profession. La restructuration du système de santé d'après les principes du « centralisme démocratique », la politique vexatoire mise en place à l'encontre des médecins libéraux mais également leur origine sociale constituent des éléments supplémentaires permettant d'expliquer la position plutôt distanciée voire critique de la majorité des médecins vis-à-vis du parti communiste. Il faut noter cependant que le taux d'adhésion au parti est logiquement plus élevé à l'hôpital de la Charité, établissement-vitrine du régime socialiste [10]. Au cours des années 1960, la clinique psychiatrique et neurologique de la Charité dispose d'une cellule du parti [11]. Elle compte une petite vingtaine de membres, ce qui correspond à 9-10 % du personnel [12]. Dans les années 1960, entre un quart et un tiers des médecins en fait partie ainsi que la moitié des médecins-chefs. Les camarades sont donc plutôt bien représentés sur les plans numérique et hiérarchique, mais leur action idéologique ne semble pas aussi efficace qu'elle devrait l'être, du fait notamment de la personnalité du directeur de la clinique, Karl Leonhard. Malgré la haute fonction qu'il occupe, ce professeur venu de l'Ouest n'appartient pas au parti communiste et s'intéresse davantage aux perspectives scientifiques qu'aux problématiques politiques [13].

Pour bâtir cette étude, nous nous sommes appuyée sur un corpus d'une dizaine de dossiers de patients appartenant au SED et ayant fréquenté les services psychiatriques de la Charité entre 1959 et 1964 [14]. Nous avons retenu les dossiers dans lesquels l'appartenance au parti communiste se voit thématisée, qu'elle apparaisse comme un facteur explicatif de l'état de santé du patient, qu'elle soit utilisée par le patient pour mettre en avant son capital politique ou qu'elle influence le processus thérapeutique. Ces dossiers constituent des pièces rares, des singularités au sein des archives de la clinique. Dans notre analyse, ils représentent autant de « cas » dans la mesure où ils « font problème », et offrent ainsi la possibilité de s'interroger autour d'une question commune : celle du croisement et de l'articulation entre une logique politique – liée à l'appartenance au parti communiste – et une logique médicale – liée au statut de patient d'un service psychiatrique. Si l'objectif de ces études de cas

---

Wissenschaftselite Ostdeutschlands. Feindliche Übernahme oder Integration ?, Leipzig, Verlag Faber & Faber, 2002, p. 63.

10. *Ibid.*, p. 63. D'après l'auteur, 28 % des médecins de la Charité sont membres du SED en 1979.
11. En RDA, les membres du SED sont organisés sur leur lieu de travail.
12. Landesarchiv Berlin [LAB], C REP 904-225, Nr 13, *Einschätzung der ideologischen Situation an der Nervenklinik*, 8.12.1964. LAB, C REP 901-01-12, Nr 73, *Abschlußbericht der Brigade Innere Kliniken der Charité von Ende Juni bis 10. September 1960*, p. 9. LAB, C REP 904-225, Nr 3, *Rechenschaftsbericht der Parteileitung der Medizinischen Fakultät*, 4 mai 1964.
13. Sur l'apolitisme revendiqué des professeurs de médecine en RDA, voir : Jessen R., « Dictature communiste et milieu universitaire. Étude d'histoire sociale des professeurs d'université de la RDA 1945-1961 », *Annales. Histoire, Sciences sociales*, 53, 1, 1998, pp. 91-117. Sur les professeurs d'université en RDA : Jessen R., *Akademische Eliten und kommunistische Diktatur. Die ostdeutsche Hochschullehrer in der Ulbricht-Ära*, Göttigen, Vandenhoeck & Ruprecht, 1999.
14. Je remercie vivement l'Institut d'histoire de la médecine de Berlin, grâce auquel j'ai accès aux archives administratives et médicales de la clinique psychiatrique et neurologique de la Charité.

n'est pas l'affirmation d'une règle universelle, elles nous permettent de saisir, dans leur singularité, une « autre » expérience du communisme au quotidien. Comme l'ont formulé Jacques Revel et Jean-Claude Passeron, penser par cas consiste à « prendre en compte une situation, [à] en reconstruire les circonstances – les contextes – et [à] les réinsérer ainsi dans une histoire » [15]. Cette histoire complexe au sein de laquelle nous nous proposons de réinsérer ces « cas », c'est celle de la société de RDA et de ses enchevêtrements avec le politique.

Environ deux tiers de ces dossiers concernent des hommes, cette distribution s'expliquant notamment par le moindre engagement politique des femmes au sein du SED. Ces individus, âgés de 28 à 55 ans, exercent pour la plupart une activité professionnelle au moment de leur admission en psychiatrie. Les catégories socio-professionnelles représentées dans ce corpus sont diverses. On peut toutefois noter la surreprésentation d'individus exerçant ou ayant exercé une activité en lien avec l'enseignement. Cet état de fait peut s'expliquer d'une part par la surreprésentation des enseignants du secondaire au sein du parti, et d'autre part par la pression idéologique exercée sur cette profession hautement stratégique pour les autorités communistes [16]. Dans leur majorité et d'après leurs dossiers médicaux, ces individus souffrent de névroses ou de troubles névrotiques, comme la plupart des patients admis au sein de ces services.

Ces dossiers médicaux contiennent des documents de nature diverse (pièces médicales et administratives, lettres personnelles, etc.) ainsi qu'une *Krankengeschichte* (histoire du malade) qui rend compte du séjour du patient de son admission à sa sortie. La *Krankengeschichte* se divise en deux temps. On y trouve tout d'abord l'anamnèse – du grec *mnêsia* (« se souvenir ») : il s'agit de la retranscription de renseignements fournis par le patient lui-même ou par l'un de ses proches, sur son passé et sur l'histoire de sa maladie. Elle se poursuit ensuite avec le parcours de soin (*Verlauf*), qui retrace le séjour au sein des services. Ce sont les médecins qui rédigent ce document, qui permet aux équipes soignante et médicale d'identifier et de suivre ceux dont elles ont la charge. Le rédacteur choisit de faire mention de certains événements ou dires du patient, s'attachant à mettre en lumière ce qui pourrait éventuellement expliquer la maladie diagnostiquée. Ce document soulève de multiples problèmes d'interprétation pour l'historien. Il est difficile de repérer avec certitude les auteurs des différentes parties qui forment la *Krankengeschichte*. En outre, ce document suit une logique essentiellement démonstrative en lien avec l'élaboration d'un diagnostic médical et il se fait souvent lacunaire ou simplement allusif. Il est donc nécessaire d'être conscient des processus de

15. Passeron J.-C., Revel J., « Penser par cas. Raisonner à partir de singularités », in Passeron J.-C., Revel J. (eds.), *Penser par cas*, Paris, Éditions de l'EHESS, 2005, p. 22.
16. Droit E., *Vers un homme nouveau ? L'éducation socialiste en RDA (1949-1989)*, Rennes, PUR, 2009, pp. 169-179.

sélection, de mise sous silence et de reformulation à l'œuvre dans la production de ce document, ainsi que de sa dimension volontairement démonstrative. Cependant, et c'est ce qui constitue le cœur de notre travail de recherche, la *Krankengeschichte* peut également receler nombre d'informations particulièrement précieuses pour l'historien de la société.

C'est donc à travers l'analyse de ce matériau original que nous proposons de réfléchir, à partir d'études de cas, aux modalités selon lesquelles, logiques politiques et logiques médicales s'entrecroisent, se recoupent ou s'affrontent, quand des camarades du parti communiste se font patients d'un service psychiatrique, et vice-versa. En concentrant notre réflexion sur les « patients-camarades », nous tentons de reconstituer la multi-appartenance de ces individus ainsi que la diversité des stratégies sociales élaborées au sein de l'univers psychiatrique. Il s'agit d'une analyse micro-historique qui privilégie l'expérience des acteurs ainsi que leurs interactions sociales, notre propos s'inscrivant dans une perspective socio-historique dans la lignée de l'historiographie française sur la RDA [17]. Au cœur de notre analyse se trouvent les membres du parti communiste, que nous considérons non pas comme une instance qui ferait face à la société mais bien plus comme l'un de ses éléments constitutifs [18].

Appartenir au parti : un principe de différenciation sociale au sein des services psychiatriques ?

Si l'appartenance au parti communiste joue un rôle important au sein de la société extérieure, on peut se demander ce qu'il en est dans les murs de ces services psychiatriques. Qu'est-ce qui différencie les « patients-camarades » des autres ? Quelles relations entretiennent représentants du parti et membres de l'équipe médicale ? Et quelles conséquences cela a-t-il sur les stratégies mises en œuvre par les acteurs ?

Pour savoir si un patient est membre du parti communiste, il suffit à l'équipe soignante d'ouvrir son dossier médical. En effet, dans la plupart des cas, lorsqu'il arrive à la clinique, le patient se livre à une anamnèse, retranscrite dans son dossier. L'appartenance au parti y semble alors très souvent évoquée de manière spontanée. Lorsqu'il se raconte, le patient mentionne plus ou moins naturellement les activités politiques qui font partie intégrante de sa vie professionnelle et sociale.

17. Voir notamment : Droit E., *op.cit.* ; Kott S., *Le communisme au quotidien, les entreprises d'État dans la société est-allemande*, Paris, Belin, 2001 ; Rowell J., *Le totalitarisme au concret. Les politiques du logement en RDA*, Paris, Economica, 2006 ; Droit E., Kott S. (eds.), *Die ostdeutsche Gesellschaft. Eine transnationale Perspektive*, Berlin, Links, 2006.
18. Gieseke J., Jessen R., « Die SED in der staatsozialistischen Gesellschaft », in Gieseke J., Wentker H. (eds.), *Die Geschichte der SED. Eine Bestandsaufnahme*, Berlin, Metropol Verlag, 2011, pp. 16-60 (p. 16).

Le « mal du parti » des « patients-camarades »

Un élément supplémentaire permet parfois de distinguer les patients membres du parti. Ces individus sont directement soumis à une pression disciplinaire qui peut dans certains cas expliquer leur état de santé. Il arrive ainsi que le patient établisse un lien direct entre son malaise ou son mal-être et sa relation au SED. Sans parler de « syndrome » propre aux membres du parti, force est de constater certaines similitudes concernant les peurs, déceptions et angoisses des membres du SED. Plusieurs patients évoquent ainsi les procédures disciplinaires internes au parti qui peuvent déclencher anxiété ou ressentiment. D'après les statuts du SED de 1950, les sanctions disciplinaires internes peuvent frapper : « quiconque ne respecte pas l'unité et la pureté du parti, n'accomplit pas ses décisions, ne respecte pas la démocratie interne au parti, fait un mauvais usage de son statut de membre ou des fonctions qui lui sont déléguées, ne se montre pas digne dans sa vie personnelle d'un membre du parti, enfreint la discipline du parti » [19]. Les procédures disciplinaires sont discutées et décidées lors des assemblées générales du parti et sont souvent décrites par les patients comme humiliantes voire traumatisantes. Comme l'écrit Michel Christian, à propos des résultats obtenus à partir de sources orales, « le passage devant l'assemblée générale, même pour des faits apparemment anodins, pouvait avoir des conséquences psychologiques profondes » [20].

Certains propos tenus par les patients ou par leurs proches et retranscrits dans les dossiers viennent confirmer ce constat. En 1960, la femme d'un patient n'hésite pas à évoquer « l'assemblée meurtrière » qui s'est tenue dans le cadre d'une procédure disciplinaire visant son mari [21]. Ce dernier occupe un poste de juriste au Ministère des Affaires étrangères depuis 1954. La perte d'un document important entraîne le déclenchement d'une procédure disciplinaire à son encontre au sein du ministère mais également du parti (*Parteiverfahren*). A cette occasion, il avoue le départ de son père pour l'Ouest, ce qui fragilise d'autant plus sa position qu'il occupe un poste à responsabilité au sein de l'administration étatique. D'après sa femme, suite à cette procédure disciplinaire « il aurait tout remis en question : qu'il était un bon fils, un bon camarade, un bon époux, etc. ». On perçoit ici combien cet épisode ébranle profondément cet individu, et ce dans toutes les dimensions de son identité. Il semble tiraillé entre deux univers contradictoires : d'un côté, sa famille composée de son père parti pour l'Ouest, mais aussi de sa femme qui semble plutôt critique vis-à-vis des procédures internes au SED ; de l'autre, son travail et son appartenance au parti, qui exige de lui qu'il soit un « bon camarade », c'est-à-dire qu'il se dévoue pleinement à la cause communiste. Ce tiraillement semble être à l'origine de cette situation de crise : ces expériences

19. Statuts du SED, 1950.
20. Christian M., « Le parti et la vie privée de ses membres en RDA », *Politique, culture, société*, n°7, janvier-avril 2009.
21. HPAC, M, 337 / 61.

socialisatrices contradictoires font éclater « l'illusion identitaire de l'unité de soi », ce qui peut expliquer cette totale remise en question [22]. Les procédures disciplinaires, parce qu'elles touchent le cœur de l'identité sociale, peuvent ainsi susciter un ébranlement profond de la personne mise en cause. D'après Yves Cohen, l'une des particularités historiques du communisme serait sa capacité à faire appel, à une échelle inédite, aux ressources du moi [23]. Le moi communiste mobiliserait systématiquement les autres moi distribués dans les divers engagements de la personne. Remettre en cause le capital politique, la loyauté du moi communiste, introduirait ainsi une totale remise en cause du rapport à soi. D'après cette hypothèse, on peut donc interpréter différemment la formulation rapportée par l'épouse : la loyauté politique du patient ayant été remise en question (est-il un bon camarade ?), il en vient à mettre en doute la valeur de ses autres engagements personnels (est-il un bon fils, un bon époux ?).

Les pratiques disciplinaires peuvent ainsi être lourdes de conséquences pour les personnes concernées, qui voient alors tout ou partie de leur identité sociale remise en cause. La patiente A.R., admise à la clinique en février 1960, raconte comment une procédure de ce type, dont elle a été l'objet un an auparavant, a brisé sa confiance envers le SED et explique en partie son état dépressif. Voici ce qui est inscrit dans son dossier, à la date du 27 février 1960 :

> « On l'a rayée du parti, le parti ne s'était pas trop posé de questions, il avait rayé des employés. Elle a fait opposition et cela a pris trois mois avant qu'on ne la reprenne dans le parti. Cependant aujourd'hui encore elle n'a pas dépassé ça, elle a perdu confiance, le manque d'un sentiment d'appartenance fait défaut [sic]. On lui dit, que tout est bien oublié, mais elle n'en est pas encore venue à bout. "C'est vraiment dégoûtant !" (pleure) » [24].

D'après les dires de la patiente, c'est son appartenance à la « classe » des employés qui aurait provoqué son exclusion du parti. Cette accusation fait écho à d'autres attaques qu'elle aurait subies sur son lieu de travail. Au cours de l'entretien, elle explique en effet qu'on lui aurait reproché de provenir de « cercles bourgeois », ainsi que d'avoir eu une aventure avec un homme marié

22. Lahire B., *L'homme pluriel. Les ressorts de l'action*, Paris, Nathan, 2011 [1998], p. 48.
23. Cohen Y., « La co-construction de la personne et de la bureaucratie : aspects de la subjectivité de Staline et des cadres soviétiques (années 30) », in Studer B., Haumann H. (eds.), *Stalinistische Subjekte. Individuum und System in der Sowjetunion und der Komintern, 1929-1953*, Zürich, Chronos Verlag, 2006, pp. 175-196.
24. HPAC, F, 131 / 60. Krankengeschichte, 27.2.60 (Exploration). « Man habe sie aus der Partei gestrichen, die Partei hatte sich das sehr bequem gemacht, hatte Angestellte gestrichen. Sie habe Einspruch dagegen erhoben und es habe 3 Monate gedauert, bis man sie wieder in die Partei aufgenommen hatte. Jedoch sei sie heute noch nicht darüber hinweg, sie habe das Vertrauen verloren, das mangelnde Zugehörigkeitsgefühl fehlt. Man sage ihr, es ist doch alles vergessen, sie habe es aber noch nicht überwunden. "Das ist doch eine Gemeinheit !" (weint) ». [Traduction de l'auteur]

dix ans auparavant. Ce n'est pas tant son comportement en tant que membre du parti qui semble ici être remis en cause mais avant tout son origine et son appartenance sociales. Le capital politique se compose bien de deux éléments qui se combinent l'un avec l'autre : la dimension généalogique de l'individu et sa trajectoire politique [25]. C'est le premier élément qui fait défaut à A. R. dans ce cas précis. Par ailleurs, le capital politique apparaît bien comme un capital particulièrement instable, qui peut être repris puis redonné à nouveau par le parti en tant qu'unique source de légitimation. L'accusation qui frappe cette magistrate d'une cinquantaine d'années, qui a fréquenté l'école du parti avant celle des juges, dont la carrière est intimement liée à son engagement politique, remet en question une large partie de son identité sociale. Elle ne parvient pas à passer outre et ne comprend pas cette procédure d'exclusion qui est finalement suivie, trois mois plus tard, d'une réintégration. L'impossibilité exprimée de faire à nouveau confiance au parti témoigne d'une prise de conscience du caractère arbitraire du processus de légitimation.

Comme le montrent ces exemples, les dossiers de patients peuvent constituer une source d'informations concernant le fonctionnement interne du parti communiste est-allemand et ses répercussions sur les individus. Dans les cas qui ont été exposés, l'appartenance au parti communiste est mise en avant soit par le patient dans son « récit de soi », soit par l'un de ses proches afin d'expliquer son état de santé. On peut constater que les procédures disciplinaires internes au parti revêtent un caractère d'autant plus anxiogène qu'elles remettent en cause une large partie de l'inscription sociale du camarade incriminé. Si l'espace social de la RDA se caractérise par une importance accrue accordée au capital politique, le caractère instable et incertain de ce dernier participe sans aucun doute de l'insécurité psychique des camarades.

Le parti comme source d'informations et partenaire de négociations

De manière générale, un autre élément permet de distinguer les patients membres du SED : en ce qui les concerne, le parti communiste constitue une instance supplémentaire avec laquelle la clinique peut échanger des informations, voire entamer des procédures de négociations. En effet, quand un patient est identifié comme camarade, et si cela semble nécessaire, la clinique entre bien souvent en contact avec le responsable de l'organisation de base dont il fait partie (le secrétaire du parti). On voit alors apparaître dans le dossier médical, et suite aux déclarations du patient, de ses proches, voire de ses collègues, la retranscription de discussions entre le médecin et le représentant du parti. Par ce biais, des renseignements concernant le patient circulent entre les services psychiatriques et le parti communiste, qui constitue ainsi une source potentielle d'informations pour les médecins. Les dossiers attestent d'entretiens menés à l'initiative des médecins avec le secrétaire du parti,

25. Pennetier C., Pudal B., *op. cit.*, p. 19.

d'échanges téléphoniques et de courriers. Ces échanges concernent bien souvent le comportement du patient au travail ou dans la sphère privée. Ils peuvent également avoir trait à certaines procédures disciplinaires le visant ; les médecins ont la possibilité de négocier avec le parti afin de repousser ou d'annuler leur mise en œuvre, en avançant des raisons médicales. Une négociation peut alors s'engager entre le parti en tant qu'instance disciplinaire et la clinique psychiatrique en tant qu'instance de soins. L'exemple du patient T.E., admis en août 1963 à la clinique, est particulièrement parlant. Quelques jours après sa sortie, il revient à la clinique pour une visite de contrôle et est accompagné du secrétaire de son groupe. Celui-ci explique à l'équipe médicale qu'une procédure disciplinaire va être ouverte à l'encontre du patient, on lui reproche son comportement antérieur et notamment d'avoir voulu attenter à ses jours. L'équipe médicale souligne avec insistance qu'à l'époque des faits qui lui sont reprochés, le patient T.E. était « psychiquement malade » et qu'il ne peut donc en être tenu pour responsable. Elle demande au secrétaire du parti de ne pas « humilier par une telle procédure le patient particulièrement sensible » [26]. Aux yeux des médecins, la procédure disciplinaire est bien perçue comme une menace pour l'état de santé du patient, dont un des buts affirmés est « l'humiliation » de l'individu mis en cause.

En ce qui concerne le patient Z.R. qui fait plusieurs séjours à la clinique entre janvier et juillet 1963, les négociations semblent particulièrement difficiles à mener. Z.R. est enseignant et membre du parti, son dossier indique qu'il souffre d'une maladie psychosomatique. C'est lors de son deuxième séjour au sein des services psychiatriques qu'apparaît très clairement une divergence entre le SED et l'équipe médicale. Lors de sa réadmission à la clinique, le patient Z.R. évoque la situation conflictuelle dont il souffre :

> « Le patient avait l'impression qu'après sa sortie on l'attendait au tournant, pour engager quelque chose contre lui du côté du parti. Des allusions du secrétaire du parti le lui firent déjà remarquer, et il fut convoqué à la mi-mars à l'assemblée générale, où on formula deux accusations contre lui, et où il dut faire une auto-critique. Premièrement il fut mentionné, que l'an dernier, avant son hospitalisation, il avait déclaré devant des collègues que le nouveau directeur adjoint n'était pas très expérimenté sur le plan professionnel, mais était parvenu au poste car il suivait la ligne du parti. Deuxièmement des rumeurs couraient selon lesquelles il aurait raconté il y a trois ans une plaisanterie sur le président du conseil d'Etat. On reprocha au patient un manque de clarté idéologique, on lui enleva ses fonctions de membre de la direction du parti et on lui

26. HPAC, M, 622 / 63. Krankengeschichte, 25.10.63 : « Es wird dem Parteisekretär ausdrücklich erklärt, daß Pat[ient] psychisch krank war und für sein Handeln in dieser Zeit nicht zur Verantwortung gezogen werden kann. Er wird von uns gebeten, den recht empfindlichen Pat[ient] nicht durch so ein Verfahren zu beschämen [...] ». [Traduction de l'auteur]

> ordonna de prendre part à toutes les assemblées du parti, séances du conseil pédagogique ou du syndicat, etc. Le patient était agité et dormait mal déjà une semaine avant la convocation annoncée. Environ 3 jours après la discussion, il eut à nouveau des mucosités dans les selles et peu de temps après du sang. [...] En plus de son service à l'école il dut désormais, en raison de l'ordre émis par le parti, participer deux à trois fois par semaine à des réunions, bien qu'il eût été préconisé par la clinique de ne pas le surcharger en dehors de son activité d'enseignement » [27].

Ici encore, c'est une certaine insécurité qui semble caractériser la relation entre ce camarade et le parti. Tout commence par une « impression », alimentée par des « allusions » du secrétaire du parti. Finalement, Z.R. doit passer devant l'assemblée générale et se soumettre au rituel de l'auto-critique, qui prend souvent la forme d'une auto-accusation publique. Le camarade incriminé semble ici bien seul face à une procédure disciplinaire qui s'appuie sur des paroles rapportées par des tiers et qui font référence à des événements *a priori* sans gravité et qui se seraient passés une ou plusieurs années auparavant. À nouveau, le capital politique apparaît comme particulièrement instable et soumis à des variations sur lesquelles seul le parti peut transiger. Les sanctions prononcées à l'encontre de cet individu sont en totale contradiction avec les préconisations de l'équipe médicale, ce qui va entraîner une procédure de négociation entre la clinique et le parti. Plusieurs semaines après la ré-admission de ce patient à la clinique, une discussion est donc menée, à l'initiative de l'équipe médicale, avec le directeur de l'école et le secrétaire du parti. Un accord semble finalement être conclu : à l'avenir, le patient devra certes prendre part aux réunions publiques du parti mais ne sera chargé d'aucune fonction ou d'un quelconque travail annexe [28]. Dans cet exemple, on voit bien que le patient est soumis à plusieurs sources d'autorité aux intérêts ici divergents. L'autorité du parti ne s'arrête pas aux frontières de la clinique et les médecins doivent être en mesure de négocier avec cette instance de disciplinarisation,

27. HPAC, M, 417 / 63. Krankengeschichte, Wiederaufnahme, 2.3.63 : « Der Pat[ient] hatte den Eindruck, daß man nach der Entlassung schon auf ihn wartete, um gegen ihn von der Partei aus vorzugehen. Andeutungen des Parteisekretärs liessen ihn das schon merken, und Mitte März wurde er zur Parteiversammlung vorgeladen, wo man 2 Anschuldigungen gegen ihn vorbrachte, und er selbstkritisch Stellung nehmen mußte. Erstens kam zur Sprache, daß er voriges Jahr vor der stat[ionären] Behandlung zu Kollegen geäußert hat, daß der neue stellv[ertretende] Direktor wohl fachlich nicht so versiert sei, aber in die Stellung komme, da er parteilich ausgerichtet sei. Zweitens war ruchbar geworden, daß er vor 3 Jahren einen Witz über den Staatsratsvorsitzenden erzählt habe. Man warf Pat[ient] mangelnde ideologische Klarheit vor, löste ihn als Parteileitungsmitglied ab und befahl ihn, an allen Parteiversammlungen, Sitzungen des Päd[agogischen] Rats oder der Gewerkschaft etc. teilzunehmen. Der Pat[ient] war schon eine Woche vor der angekündigten Vorladung aufgeregt und schlief unruhig. Etwa 3 Tage nach der Aussprache hatte er wieder Schleim im Stuhl und bald darauf Blut. [...] Außer seinem Schuldienst mußte er nun auf Grund des Parteibefehls 2-3 mal in der Woche an Sitzungen teilnehmen, obwohl von der Klinik aus befürwortet war, daß er außerhalb seiner Lehrtatigkeit nicht zu belasten war ». [Traduction de l'auteur]

28. *Ibid.*, Krankengeschichte, Wiederaufnahme, 15.6.63.

qui poursuit une logique pouvant entrer en contradiction avec les perspectives médicales.

Ces négociations peuvent être d'une toute autre nature quand il s'agit au contraire d'aider le patient à entrer au SED. Ainsi, en 1960, quand un patient évoque ses difficultés professionnelles en lien avec son impossibilité à intégrer le parti, une discussion est organisée quelques jours plus tard, à l'initiative de l'assistante sociale, avec le secrétaire du parti de son lieu de travail [29]. Ce dernier promet alors au patient que sa demande d'adhésion sera examinée dès sa sortie de la clinique. Ici, l'équipe médicale et soignante fait levier afin de faciliter les démarches entreprises par le patient auprès du SED.

Ces exemples montrent dans quelle mesure l'appartenance au parti communiste est susceptible d'entraîner une certaine différenciation sociale parmi les patients des services psychiatriques. Ces « patients-camarades » peuvent manifester des symptômes directement ou partiellement liés à la pression disciplinaire à laquelle ils sont soumis. De plus, dans leur cas, l'équipe médicale dispose d'un interlocuteur supplémentaire, incarné par le secrétaire du parti, ce qui peut influer sur les mécanismes institutionnels internes à la clinique. Dans une autre perspective, le fait d'être « camarade » peut également apparaître comme une ressource pour ces patients, qui peuvent la mobiliser sciemment et ainsi, dans certaines situations, « reprendre la main » dans le cadre des relations qu'ils entretiennent avec l'équipe médicale.

Être « camarade » avant d'être patient : quand les patients activent leurs capitaux politique et militant [30]

A la différence de l'analyse proposée par Erving Goffman sur le fonctionnement des « institutions totales », on ne constate pas, pour les patients de la clinique étudiée, de rupture brutale et nette avec leurs « rôles antérieurs » [31]. D'après nos sources, les patients trouvent dans leur expérience personnelle, antérieure à leur admission, une ressource non négligeable qui leur permet de négocier avec l'institution. La clinique de la Charité étant une clinique universitaire, la durée d'hospitalisation moyenne est moins longue que dans les autres établissements psychiatriques, ce qui explique la capacité des patients à activer leurs inscriptions sociales et notamment politiques.

29. HPAC, M, 345 / 60, Krankengeschichte, 23.7.60.
30. Au sujet de la distinction à opérer entre capital politique et capital militant, nous nous appuyons sur les travaux de Frédérique Matonti et Frank Poupeau. Le capital militant y est défini comme « les savoirs et les savoir-faire incorporés au fil des expériences politiques », il « s'acquiert [...] dans le champ politique » mais est « susceptible[s] d'être reconverti[s] ailleurs », il s'agit d' « une forme de capital moins labile que le capital politique [capital symbolique], dans la mesure où celui-ci dépend de l'organisation politique qui le confère à ses membres ». Matonti F., Poupeau F., « Le capital militant. Essai de définition », *Actes de la recherche en sciences sociales*, n°155, 2004/5, pp. 4-11. Matonti F., « Crises politiques et reconversions : Mai 68 », *Actes de la recherche en sciences sociales*, n° 158, 2005/3, pp. 4-7.

Dans le cas de la patiente A.R., qui effectue un séjour de quelques semaines au sein des services psychiatriques entre juillet et septembre 1961, l'appartenance au parti est ainsi mise en avant à son initiative et joue un rôle dans les relations qu'elle entretient avec les autres patients. Au cours de son hospitalisation, cette enseignante de 40 ans se plaint d'avoir été provoquée « politiquement ». Dans son dossier, à la date du 22 août 1961, on peut ainsi lire :

> « Melle R. s'est sentie provoquée politiquement par deux autres patients. Après un interrogatoire détaillé, il apparaît cependant que ce sont au contraire les autres patients qui se sont sentis provoqués par son comportement et par des choses, qui n'avaient absolument rien à voir avec la politique » [32].

Cet événement est rapporté au directeur de la clinique, le professeur Leonhard, qui mène un « interrogatoire très énergique avec les patients que Melle R. désigne comme coupables ». Cependant, il ressort de cet interrogatoire que si certaines déclarations ont été faites, elles n'ont été causées, d'après ces patients, que par l'attitude provocante de l'accusatrice. La patiente n'en reste pourtant pas là. Lors d'échanges téléphoniques avec le secrétaire de sa cellule, elle critique notamment « l'attitude vis-à-vis de la société » des patientes de la clinique [33]. D'une certaine manière, on peut dire que cette patiente use ainsi de son statut de camarade ou plutôt de candidate au parti. En effet, au moment de son admission à la clinique, cette patiente vient d'apprendre qu'elle est acceptée au sein du SED en tant que candidate. Il s'agit d'un statut intermédiaire qui précède l'admission en tant que membre de plein droit, cette période probatoire dure un an et vise notamment à tester les convictions politiques des nouvelles recrues. Cela fait cinq ans que cette femme tente d'entrer au parti, jusqu'alors en vain, en raison notamment de son appartenance passée au parti chrétien-démocrate. A l'été 1961, elle se trouve donc au terme d'un processus de conversion politique entamé il y a plusieurs années. En affirmant son positionnement politique au sein de la clinique, en attaquant les autres patients sur ce terrain, A.R. s'affirme en tant que future camarade du SED, chargée de diffuser le message idéologique des instances dirigeantes. Qu'elle soit politique ou religieuse, la conversion est « un phénomène essentiellement social » ; « elle est dès lors qu'elle s'affirme » [34]. Dans

31. Goffman E., *Asiles. Études sur la condition sociale des malades mentaux*, Paris, Éditions de Minuit, 1968, p. 57.
32. HPAC, F, 432 / 61. Krankengeschichte, 22.8.61 : « Frl. R. fühlte sich durch 2 andere Patienten politisch provoziert. Die genaue Befragung zeigte jedoch, dass sich wiederum die anderen Patienten durch ihr Verhalten provoziert fühlten und zwar durch Dinge, die mit Politik absolut nichts zutun hatten ». [Traduction de l'auteur]
33. *Ibid.* Krankengeschichte, 4.9.61, Rücksprache mit dem Parteisekretär und stellvertretenden Direktor der Lehrerbildungsanstalt K.
34. Kestel L., *La conversion politique. Doriot, le PPF et la question du fascisme français*, Paris, Raisons d'agir, 2012, pp. 231-232.

cette perspective, le choix de son interlocuteur – le secrétaire du parti – prend tout son sens puisqu'il représente la structure sociale qui doit potentiellement accréditer cette conversion. On peut donc supposer que le zèle politique dont fait preuve cette patiente, et qui se manifeste notamment par les plaintes qu'elle transmet au secrétaire du parti, est à mettre en relation avec une volonté de « faire ses preuves », au terme d'un processus de conversion politique qui touche à sa fin. Elle mobilise, pour le faire sien, un capital politique qui ne lui a pas encore été définitivement conféré par le parti, ainsi qu'un capital militant, qui s'incarne dans les modalités de son engagement et dont on peut peut-être supposer qu'il a été en partie hérité de son expérience politique précédente.

Le fait d'appartenir au SED donne ainsi l'occasion à certains individus de se différencier de la masse des autres patients. Selon le parcours politique et personnel, différentes stratégies sont mises en œuvre. Dans certains cas, cette utilisation du capital politique et/ou militant se manifeste d'une manière particulièrement visible, notamment quand ces individus se font les porte-parole de l'idéologie marxiste-léniniste au sein des services, y faisant circuler les normes et valeurs de la dictature. Voici par exemple ce que l'on peut lire dans le dossier d'un patient, pour l'année 1961 : « Veille aussi à l'ordre dans la chambre et exhorte ses compagnons de chambre à la propreté. Veille aussi à ce qu'ils soient instruits sur le plan idéologique » [35]. D'après le dossier, l'équipe soignante ne semble prendre aucune mesure face à ce comportement. Le silence qui suit la narration de cet événement peut laisser penser que ces actions de « clarification idéologique » sont tolérées au sein des services, ce patient pouvant ainsi jouer le rôle de vecteur « à l'intérieur » de la propagande idéologique omniprésente « à l'extérieur ».

Un autre cas vient étayer cette hypothèse et mérite d'être développé plus en détails. En 1964, le patient L.T. est admis au sein de l'unité de psychothérapie de la Charité où il va rester deux mois et demi. D'après les informations qu'il livre sur sa vie personnelle et professionnelle, il s'agit d'un individu particulièrement engagé sur le plan politique qui s'efforce de montrer aux autres « le droit chemin » [36]. À son entrée à la clinique, L.T. ne renonce pas à son engagement, bien au contraire, puisqu'il essaie de convaincre les patients qui ont, d'après lui, « de mauvaises opinions politiques » [37]. Il transpose ainsi une pratique appartenant au champ politique dans une situation sociale située *a priori* hors-champ. De camarade, il se fait certes patient mais sans abandonner les schèmes d'action inhérents à son expérience politique et qui lui semblent transférables au contexte social des services psychiatriques [38]. Ce faisant, il suit

35. HPAC, M, 465 / 64. Krankengeschichte, Psychisch (non daté) : « Sorgt auch für Ordnung im Zimmer und hält seine Mitpatienten im Zimmer für Sauberkeit an. Sorgt auch dafür, dass diese ideologisch aufgeklärt werden ». [Traduction de l'auteur]
36. HPAC, M, 546 / 64. Krankengeschichte, 12.8.64, Eigene Anamnese, Soziale Entwicklung.
37. *Ibid.*, Krankengeschichte, 12.8.64, Zur Persönlichkeit.
38. Lahire B., *op.cit.*, pp. 42-43 et pp. 93-100.

à la lettre les « devoirs » des membres du parti, qui ont été précisés dans les statuts de 1963. On peut notamment y lire que chaque membre du parti est tenu « d'expliquer aux masses le sens de la politique et des décisions du parti, de les convaincre de la justesse de la politique du parti, de gagner leur coopération » [39]. Un des principaux devoirs des membres du parti communiste est bien d'œuvrer pour la propagation du message idéologique, et ce quelle que soit la situation sociale dans laquelle ils se trouvent. L'équipe médicale réagit à cette initiative et L.T. est tout d'abord rappelé à l'ordre ; on lui rappelle ainsi qu'il se trouve dans un hôpital, qu'il s'agit de personnes malades, dont le traitement est dans les mains de l'équipe soignante et qu'il doit s'intégrer exactement comme les autres patients. L'équipe soignante met de côté les convictions politiques du patient, son rôle en tant que membre du parti, pour le ramener à sa situation de « patient comme les autres » [40]. La logique médicale et de soin prime alors sur la logique politique. Il y a bien ici un conflit entre des intérêts divergents : d'un côté, les intérêts de l'équipe médicale, qui se veut *a priori* indifférente aux convictions politiques des patients ; de l'autre les intérêts du parti, dont les camarades doivent diffuser le message politique. Cette concurrence des intérêts se cristallise dans la situation de cet individu, tout à la fois patient et camarade. Un peu plus loin dans le dossier, on apprend qu'il lui a finalement été accordé la possibilité de s'exprimer dans le cadre d'un cercle de discussion, il est ajouté qu'il débat avec empressement avec les autres patients quand ceux-ci ont une opinion politique différente de la sienne [41]. Finalement, l'équipe médicale semble avoir fait marche arrière puisqu'elle autorise cet individu à mener des vives discussions politiques avec les autres patients. Cette deuxième étape confirme l'impression de relative tolérance dont le personnel de l'institution psychiatrique fait preuve vis-à-vis d'une certaine forme de propagande idéologique, menée ici à l'initiative des « patients-camarades ».

À « patients-camarades », « médecins-camarades »

Au sein des services psychiatriques, les patients ne sont pas les seuls à activer leurs capitaux politique et militant. D'après les sources que nous avons consultées, l'équipe médicale peut également en faire usage dans le cadre notamment du suivi du patient. Les logiques politiques et médicales s'entrecroisant, l'appartenance au SED peut constituer un avantage pour le médecin qui soigne d'autres membres du parti.

En 1960, un patient qui évoque des raisons politiques pour expliquer sa tentative de suicide se voit ainsi proposer de se confier à un médecin-chef membre du SED [42]. L'appartenance politique de ce médecin est mise en avant

39. Statuts du SED, 1963.
40. HPAC, M, 546 / 64, Krankengeschichte, 12.8.64, Zur Persönlichkeit.
41. *Ibid.*, Krankengeschichte, Verlauf (non daté).
42. HPAC, M, 418 / 60. Krankengeschichte, Verlauf, 22.9.60.

par l'équipe médicale afin de mettre le patient en confiance et de recueillir des informations le concernant.

On retrouve cet enchevêtrement des logiques politiques et médicales dans un autre cas. En 1959, le patient H.G. est admis au sein des services psychiatriques du fait d'un état dépressif. Il appartient au SED depuis 1945 et y a occupé des fonctions à responsabilité (il a notamment exercé la fonction de secrétaire adjoint du parti au sein de son organisation de base). D'après lui, c'est la commission de contrôle du parti qui est à l'initiative de son admission à la clinique. Quelques jours après son hospitalisation, un médecin de la clinique, lui-même « camarade », adresse un courrier au groupe du SED dont fait partie ce patient afin d'obtenir des informations le concernant [43]. Dans cette lettre, le médecin n'évoque pas « le patient G. » ou « monsieur G. ». Il utilise des formules qui laissent de côté la relation patient-soignant pour mettre en avant leur appartenance commune au SED. Il parle ainsi de « notre membre du parti », ou plus loin du « camarade G. ». À la lecture de ce document, rédigé par un médecin sur son patient, on a ainsi l'impression que l'appartenance politique de H.G. prime sur son identité de patient. On peut supposer que le médecin active sciemment ce référentiel identitaire afin d'entrer dans un rapport de connivence avec son interlocuteur et ainsi de recueillir le maximum de renseignements au sujet de son patient. La réponse qu'il reçoit de la part du secrétaire du parti est d'ailleurs adressée au « camarade » Dr. M. [44]. Cet exemple nous montre dans quelle mesure la ligne de partage membres du parti-non membres du parti peut se superposer à la séparation entre patients et soignants. Ces deux exemples remettent à nouveau en cause l'idée d'une identification indifférenciée des patients par le personnel de l'institution et montrent selon quelles modalités l'appartenance au SED peut être utilisée comme une ressource par les médecins.

Au sein des services psychiatriques, une large place est laissée à la parole du patient qui se raconte et évoque bien souvent ses difficultés, qu'elles soient d'ordre personnel ou professionnel. Comme nous l'avons vu précédemment, l'appartenance du médecin au parti peut constituer un critère significatif dans l'établissement de la relation de confiance entre patient et soignant. Dans une logique inverse, le parti lui-même peut intervenir pour empêcher la divulgation d'informations auprès de médecins qui n'appartiennent pas au parti. La non-appartenance au SED est ici perçue comme un critère d'exclusion. Cette intrusion du parti dans la relation patient-soignant se manifeste notamment dans le cas de la patiente H.R., enseignante de 40 ans, qui effectue un séjour d'un mois à la clinique entre février et mars 1961. Dans le cadre des entretiens avec l'équipe médicale, elle évoque notamment les difficultés qu'elle a pu connaître dans sa relation avec le SED. Quelques jours après sa sortie, H.R. se

43. HPAC, M, 18 / 60. Lettre du Dr. M. adressée au camarade H. (secrétaire du parti), datée du 2.2.1959.
44. *Ibid.*, Réponse du secrétaire du parti H. au Dr. M., datée du 10.2.1959.

présente à nouveau à la clinique dans le cadre du suivi ambulatoire. Elle explique alors avoir essuyé des reproches de la part de l'école du parti suite à sa sortie de la clinique. Voici ce qu'on peut lire dans son dossier, à la date du 26 avril 1961 :

> « Mme R. vient aujourd'hui à notre demande et raconte avec beaucoup de difficultés, qu'en réalité elle ne voulait pas venir. Entretemps, elle avait été renvoyée de l'école du parti, on lui avait retiré son poste de directrice et lors d'un dernier entretien on lui avait dit qu'elle avait fait part d'affaires internes au parti à des personnes qui n'en étaient pas membres (nous) et qu'elle avait ainsi brisé la bonne entente entre Intelligence et parti. Ils lui avaient en outre dit qu'elle ne devait [mot illisible] pas refaire la même erreur et mener à nouveau un entretien avec nous, et que, si elle avait besoin d'un médecin, elle devait se tourner vers le parti, qui lui conseillerait un médecin camarade » [45].

Dans cet extrait, il est clairement question du positionnement politique du médecin : en tant que *parteilos* (non membre du parti), il ne peut entendre ce qu'un camarade aurait à lui confier, surtout si cela touche aux « affaires internes au parti ». D'après les représentants du SED qui en font le reproche à H.R., un camarade doit toujours se tourner en priorité vers un « médecin-camarade ». On retrouve ici une vision dichotomique du monde, qui marque la pensée communiste depuis la redéfinition et la criminalisation du trotskisme dans les années 1930 et qui reste active bien après la mort de Staline [46]. Cette grille de lecture binaire qui sépare les « amis du parti » – incarnés par les camarades – des autres – qualifiés de *parteilos* – se manifeste clairement ici et empêche H.R. de poursuivre le travail thérapeutique amorcé. La peur de l'Autre se fait double : non seulement celui qui n'appartient pas au parti (en l'occurrence le médecin) ne doit pas entendre ce qu'il s'y passe de peur qu'il utilise ces informations à mauvais escient, mais le camarade lui-même (H.R..) semble susciter de la méfiance de la part des autorités du parti. Le thème de la trahison est récurrent dans l'histoire du communisme et on en a ici une manifestation concrète. Cette « peur de l'Autre » conduit à une certaine solitude des militants qui, à l'image de cette patiente, peuvent faire l'expérience d'une

45. HPAC, F, 106 / 61. Krankengeschichte, ambulante Vorstellung, 26.4.61 : « Heute kommt Frau R. auf unsere Aufforderung und erzählt mit viel Hemmungen, daß sie eigentlich gar nicht kommen wollte. Sie ist inzwischen von der Parteischule verwiesen, ihres Postens als Direktor enthoben und man habe ihr in einer letzten Aussprache gesagt, sie habe parteiinterne Dinge parteilosen Menschen (uns) berichtet und damit das gute Einvernehmen zwischen Intelligenz und Partei gestört. Sie haben ihr weiterhin gesagt, sie solle [mot illisible] nicht weder den Fehler machen und noch einmal eine Aussprache mit uns führen, wenn sie einen Arzt brauche, sollte sie sich an die Partei wenden, die werde ihr dann einen Genossen Arzt empfehlen. » [Traduction de l'auteur]

46. Pennetier C., Pudal B., « La peur de l'autre : vigilance anti-trotskiste et travail sur soi », in Studer B., Haumann H. (eds.), *Stalinistische Subjekte. Individuum und System in der Sowjetunion und der Komintern, 1929-1953*, Zürich, Chronos Verlag, 2006, pp. 254, 265-267.

procédure disciplinaire sans logique apparente. La logique politique l'emporte donc ici sur la logique médicale.

Au final, il apparaît que le politique – incarné dans l'appartenance au parti communiste et dans l'engagement militant – peut s'inviter entre les murs des services psychiatriques et en influencer certains mécanismes. Dans le cas des « patients-camarades », l'équipe soignante et médicale dispose d'un interlocuteur supplémentaire, le parti communiste, avec lequel elle peut entrer en contact afin de recueillir des informations sur le patient ou de préparer sa sortie. Les patients eux-mêmes peuvent faire le choix de mettre en avant leur statut de « camarade » dans le cadre des relations qu'ils entretiennent avec les autres patients ou avec le personnel de la clinique. En activant cette inscription dans la sphère politique, ils mettent en concurrence directe deux sources d'autorité aux intérêts divergents : l'institution médicale, pour laquelle ils sont des patients à soigner, et le parti communiste, au sein duquel ils ont le statut de « camarades ». Le plus souvent, cette confrontation éventuelle prend la forme d'un croisement des rôles.

Les dossiers de patients que nous avons analysés reflètent des expériences individuelles et détiennent de ce fait un caractère singulier. Ils manifestent des situations dans lesquelles patients et médecins doivent se positionner face à une ligne de partage identitaire de nature politique et qui sépare les « camarades » des « non-camarades ». Si ces situations sont loin d'être quotidiennes, il semble néanmoins particulièrement intéressant de se pencher sur ces « cas-limites » et d'appréhender les patients des services psychiatriques dans leurs interactions avec l'espace social et politique environnant. Se pencher sur l'expérience et le vécu de ces acteurs « en marge de la société » permet non seulement d'approcher une « autre expérience du communisme au quotidien » mais également d'aborder des tensions et des contradictions qui traversent l'ensemble de la société est-allemande.

L'espace de la policlinique psychiatrique dans la ville : l'émergence de nouveaux savoirs [1]

Sophie LEDEBUR

Sophie Ledebur est assistante de recherche depuis 2009 sur le projet DFG « Cultures de la folie. Phénomènes de seuil à l'époque moderne urbaine (1870-1930) ». Elle a été membre du collège doctoral « Les sciences naturelles dans leur contexte historique » à Vienne (2006-2009) ainsi que boursière de l'Institut Max Planck pour l'histoire des sciences à Berlin. Sa thèse de doctorat, soutenue en 2012 à l'Université de Vienne, portait le titre : « Le savoir de la psychiatrie asilaire à l'époque moderne : Histoire de l'institution de soins "Am Steinhof" ».

La psychiatrie hospitalière est, jusqu'à la fin du XIXe siècle, un lieu hermétiquement clos, coupé de son environnement. Cet isolement, alors source de critiques envers cette discipline médicale récente, marque pourtant le début d'une évolution complexe de la psychiatrie entre ouverture et fermeture, évolution au sein de laquelle la question spatiale se constitue en enjeu crucial. La *psychiatrie institutionnelle moderne*, qui souhaite combattre les préjugés circulant au sein de la population et promouvoir un traitement plus libéral, s'appuie ainsi en grande partie sur les effets de pouvoir liés à son architecture [2]. Ce constat vaut aussi pour les hôpitaux dédiés à l'enseignement et la recherche : au tournant du XXe siècle, certains se prononcent en faveur d'un déplacement de la *Psychiatrische und Nervenklinik* [3] hors de l'enceinte de l'Hôpital de la

1. Traduction de Carole di Frenna, Mathilde Darley et Camille Lancelevée.
2. En utilisant le terme de psychiatrie institutionnelle moderne (en allemand « *moderne Anstaltspsychiatrie* »), je fais référence à la terminologie de l'époque. Sur ce point, consulter : Fangerau H., Nolte K. (eds.), « "Moderne" Anstaltspsychiatrie im 19. und 20. Jahrhundert – Legitimation und Kritik » (Medizin, Gesellschaft und Geschichte, Beiheft 26), Stuttgart, Steiner, 2006 ; Ledebur S., *Das Wissen der Anstaltspsychiatrie in der Moderne. Zur Geschichte der Heil- und Pflegeanstalten Am Steinhof in Wien*, Thèse de doctorat, Université de Vienne, 2012, à paraître. Le présent article a été écrit dans le cadre du projet de la DFG intitulé « Kulturen des Wahnsinns. Schwellenphänomene der urbanen Moderne ».
3. Ce terme désigne une clinique spécialisée dans la prise en charge des malades souffrant de troubles psychiques et de maladies des nerfs. Nous conserverons le terme allemand, puisqu'il s'agit ici d'une unité de soins propre à l'Hôpital de la Charité à Berlin [ndt].

Charité à Berlin [4], afin de ne pas compromettre la bonne réputation de ce dernier. Dès la fin du XIXe siècle, la création de nombreuses policliniques prenant en charge gratuitement les personnes souffrant de maladies psychiques marque pourtant une étape essentielle dans l'ouverture des institutions traditionnelles de soins psychiatriques. En prenant le contre-pied des critiques adressées à la psychiatrie, les nouvelles institutions proposant une prise en charge ambulatoire ne doivent pas seulement s'efforcer de mettre fin aux multiples ressentiments nourris envers la psychiatrie, mais aussi renforcer l'engagement socio-psychiatrique de cette discipline tout en orientant « les cas intéressants » vers les services psychiatriques hospitaliers [5].

Mais s'agit-il alors réellement d'inclure, de façon ciblée, ce que la terminologie de l'époque désigne par « matériel humain » (*Patientenmaterial*) ? Ou, au contraire, l'institution des policliniques psychiatriques met-elle plutôt en évidence un processus complexe révélant la contingence spatiale du savoir, processus marqué par des mécanismes tant d'ouverture que de fermeture ? Le premier établissement allemand de ce type, la *Psychiatrische und Nervenklinik* de la Charité, créée à Berlin en 1871, occupe une position particulière dans la mesure où elle existe bien avant que n'émerge le « premier mouvement antipsychiatrique » [6], désignation communément donnée à la vague de critiques adressées à la psychiatrie à la fin du XIXe siècle. Observer l'établissement de la policlinique de Berlin permet donc de s'intéresser précisément aux moments qui ont donné naissance à cet espace inédit, en interaction avec l'environnement urbain dans lequel il est situé. Cela nous conduit notamment à questionner les effets des évolutions, manifestement contraires, d'ouverture et de fermeture sur l'attention portée aux signes pathologiques.

La policlinique, entre l'hôpital et la ville

La *Psychiatrische und Nervenklinik* de Berlin, créée sous la direction de Carl Westphal, est le premier établissement de la Charité à proposer une prise en charge ambulatoire [7]. Ouverte deux fois par semaine (trois fois à partir de

4. Schaper H., « Über die Grundsätze für die Neubauten von Krankenhäusern mit Rücksicht auf einen Neubau der Charité », *Berliner Klinische Wochenschrift*, vol. 30, 1893, pp. 1201-1207 (p. 1206).
5. Engstrom E., « Sozialpsychiatrische Prophylaxe : Zu poliklinischen Einrichtungen in der Universitätspsychiatrie des Kaiserreichs », in Schalenberg M., Walther P. (eds.), *... immer im Forschen bleiben*, Stuttgart, Steiner, 2004, pp. 213-236.
6. En partant de la topographie, je me concentre, dans le présent article, sur les aspects épistémiques et performatifs qui constituent l'espace de la policlinique. Ce texte est la version revue et abrégée de l'article co-écrit avec V. Hess, « Psychiatrie in der Stadt. Die Poliklinik als Schwellenphänomen einer urbanen Moderne », in Hess V., Schmiedebach H.-P. (eds.), *Am Rande des Wahnsinns. Schwellenräume einer urbanen Moderne*, Vienne, Cologne, Weimar, Böhlau, 2012, pp. 19-55.
7. Mehlhausen G., « Erinnerungsblätter zum 25 jährigen Jubiläum des Verwaltungsdirektors des Charité-Krankenhauses Bernhard Spinola's », *Charité-Annalen*, vol. 23, 1898, pp. 1-42 (p. 31). Carl Westphal (1833-1890) a été directeur de la *Psychiatrische und Nervenklinik* de 1868 à sa mort.

1890) aux patients issus tant de la neurologie que de la psychiatrie [8], elle constitue une sorte de lien idéel entre ces deux disciplines, dont les rapprochements n'avaient jusqu'alors pas encore trouvé de matérialisation spatiale. A la fin du XIXe siècle, elle se trouve dans le complexe de la *Alte Charité* (Ancienne Charité), qui abrite également le service de psychiatrie [9]. Elle est ainsi rattachée, d'un point de vue organisationnel, aux deux services de neurologie et de psychiatrie. Bien que ce rattachement ne se trouve pas directement matérialisé dans l'espace, le fonctionnement de la policlinique repose néanmoins déjà sur la superposition de deux domaines qui, auparavant, s'excluaient l'un l'autre.

Il serait cependant erroné de voir dans la *Psychiatrische und Nervenklinik* une institution pensée comme un sas entre l'hôpital psychiatrique et la ville. Cette spécificité n'émerge au contraire que progressivement, en lien avec différents aspects de l'institution. La policlinique est alors une structure indispensable pour les cliniciens, auxquels elle permet de drainer les patients dont ils ont besoin pour mener à bien leurs activités d'enseignement et de recherche [10]. La gratuité des soins dispensés est l'un des aspects essentiels contribuant à l'institution de cet établissement proposant une prise en charge ambulatoire [11]. Par ailleurs, cette disposition laisse également aux cliniciens une marge d'autonomie sur le plan administratif qui leur permet de ne pas appliquer la réglementation stricte encadrant les internements en hôpital psychiatrique. La répartition des patients nouvellement admis est en outre organisée certes de manière centralisée, mais à tour de rôle par chacune des deux cliniques : il est ainsi possible aux cliniciens de convoquer une nouvelle fois à la Charité, un jour spécialement réservé aux admissions de la *Psychiatrische und Nervenklinik*, un *cas intéressant* dans le cadre des études menées au sein de la policlinique [12]. À côté de ces nouvelles formes d'accès qui simplifient grandement les consultations à la policlinique, il convient avant tout de souligner que les malades peuvent désormais prendre eux-mêmes l'initiative de rechercher une expertise professionnelle. On espère alors que ces changements permettront notamment d'attirer des malades issus de couches sociales plus favorisées, lesquels – pense-t-on – seront davantage en mesure de donner une description appropriée de leurs symptômes [13].

---

8. Laehr M., « Statistische Mittheilungen aus der Poliklinik für Nervenkranke der Königl. Charité », *Charité-Annalen*, vol. 21, 1896, pp. 783-789 (p. 784).
9. Laehr H., Lewald M., *Die Heil- und Pflegeanstalten für Psychisch-Kranke des deutschen Sprachgebietes am 1. Januar 1898*, Berlin, Reimer, 1899 (p. 26). La Policlinique pour les maladies des nerfs n'est ensuite plus du tout évoquée dans ces volumes, publiés pendant une période relativement longue. On ne trouve d'ordinaire pratiquement aucune source témoignant des premières années d'existence de la policlinique, si ce n'est son système de notes propre (*cf. infra*). Indirectement, cela met en évidence la progressivité de son implantation, voire la précarité du statut qui était le sien.
10. Alexander S., « Die Entwicklung der Polikliniken. Unter Berücksichtigung der Berliner Verhältnisse », *Berliner Klinische Wochenschrift*, vol. 45, 1908, pp. 82-84. (p. 83).
11. Par ailleurs, la Charité prend également en charge les coûts des médicaments pour les malades les plus démunis. *Cf.* Laehr M., *op. cit.*, p. 783.
12. Engstrom E., *Clinical Psychiatry in Imperial Germany. A History of Psychiatric Practice*, Ithaca, Londres, Cornell Univ. Press, 2003, p. 116.

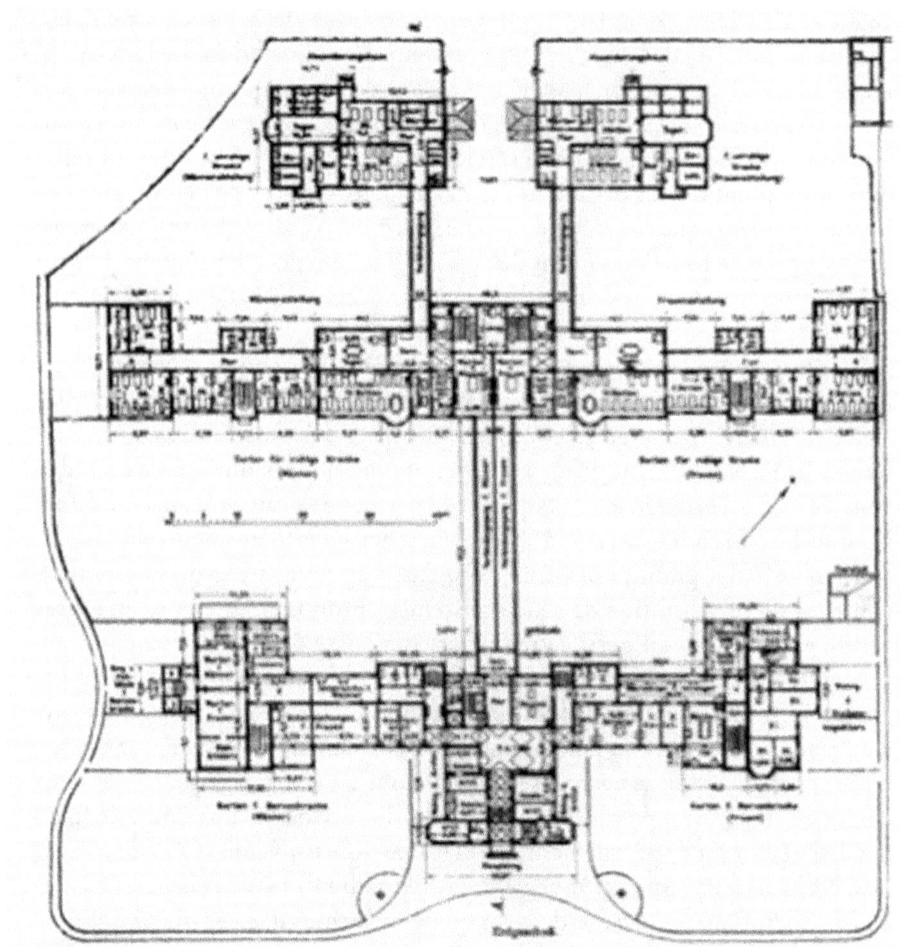

Illustration n°1. Plan de la *Psychiatrische und Nervenklinik* de la Charité, 1905.

La policlinique se trouvait dans l'aile ouest du premier corps de bâtiment.

Ce n'est qu'en 1904, avec la construction des nouveaux bâtiments aux abords de la Charité, que sont réunis sous un même toit le service de consultation de la policlinique et les salles destinées aux présentations cliniques d'une part, et les services de psychiatrie et de neurologie d'autre part. Il faut considérer les travaux de transformation et les nouvelles constructions dans le contexte d'une évolution importante du positionnement géographique de la Charité dans son environnement urbain au cours des décennies précédentes.

13. Griesinger W., « Ueber Irrenanstalten und deren Weiter-Entwicklung in Deutschland », *Archiv für Psychiatrie und Nervenkrankheiten*, vol. 1, n°69, 1868, pp. 8-23. (p. 13). Voir également : Westphal C., *Psychiatrie und psychiatrischer Unterricht*, Discours prononcé lors de la cérémonie en l'honneur du jour de la création des établissements de formation de médecin militaire le 2 août 1880 (Berlin, 1880, p. 25).

La ville, en pleine croissance, embrasse désormais le complexe hospitalier, situé à l'origine à la lisière de Berlin. La transformation urbaine est intégrée dans un but bien précis lors de « la grande reconstruction » [14] (1897-1917) et l'axe de la *Psychiatrische und Nervenklinik* ajusté de telle manière à ce qu'on puisse l'atteindre tout aussi aisément depuis la périphérie et les centres urbains. La nouvelle disposition doit réguler le « trafic », c'est-à-dire les afflux importants de personnes « avec le concours des policliniques et cliniques voisines » [15]. Toutes les portes de l'institution psychiatrique restent encerclées par des murs élevés, seule la porte d'entrée principale est ouverte et demeure sous la haute surveillance d'un gardien. La porte de la policlinique, laissée libre de murs, permet cependant un accès rapide et aisé, sans qu'il soit nécessaire de traverser l'ensemble du complexe de la Charité [16]. La policlinique, située au rez-de-chaussée de l'aile ouest de la *Psychiatrische und Nervenklinik* (illustration n°1), applique en effet une logique consistant à faciliter autant que possible l'accès au public se déplaçant à pied, tout en tenant ces flux de patients à l'écart de ce qui se passe entre les murs de l'hôpital [17]. Les circulations de l'intérieur et de l'extérieur s'en trouvent soumises à deux formes de régulation. Certes, un nouvel accès a été créé, ouvrant une brèche dans les murs traditionnellement infranchissables de l'institution hospitalière. Cet espace, ouvert à la fois aux hommes et aux femmes, doit cependant être séparé des services hospitaliers, qui mettent en œuvre une stricte sélection et répartition des patients, suivant leur sexe, de part et d'autre de l'axe de symétrie de l'hôpital. À la frontière distinguant jusqu'alors clairement, aux yeux des personnes extérieures, l'espace public de l'espace de l'hôpital succède donc une reconfiguration spatiale au sein des nouveaux locaux. L'emplacement de la policlinique permet de rejoindre les institutions thérapeutiques situées au sous-sol et les laboratoires qui se trouvent dans l'aile est, ainsi que d'accompagner les patients bénéficiant d'une prise en charge ambulatoire dans les salles de cours situées au premier étage en prenant l'escalier, sans passer par les salles dédiées aux malades. Par ailleurs, les obstacles aux nouvelles avancées thérapeutiques s'aplanissent. L'électrothérapie constitue ainsi une « part essentielle » [18] de l'activité de la policlinique dès sa création. Les « salles de bains pour les bains de vapeur, de sable et d'acide carbonique, ainsi que pour les bains électriques et les bains de lumière » [19], aménagées au rez-de-chaussée du nouveau bâtiment, élargissent

14. À l'origine, les bâtiments de la Charité ont été construits au XVIIIe, puis développés au XIXe siècle. De 1897 à 1917, les bâtiments de la faculté de médecine ont été reconstruits [ndt].
15. Schaper H., « Die Neugestaltung des Charité Krankenhauses zu Berlin », *Charité-Annalen*, vol. 22, 1897, pp. 11-28. (p. 23).
16. Les plans des hôpitaux avant et après les travaux de transformation prévus peuvent être consultés dans : *ibid.*, p. 20 sqq.
17. L'objectif est d'empêcher les patients se rendant en consultation à la policlinique d'avoir vue sur le jardin avoisinant « réservé aux malades mentaux calmes ». Pendant le projet de construction, il est question de renoncer entièrement à l'installation de fenêtres, ou de prévoir uniquement des fenêtres en verre mat. In: UAHUB, Charité-Direktion 1819, courrier du 15 juin 1897.
18. Westphal C., « Nerven-Klinik », *Charité-Annalen*, vol. 1, 1874, pp. 420-452 (p. 420).
19. UAHUB, Charité-Direktion 53, p. 14.

également considérablement l'offre de soins à l'attention des malades bénéficiant d'un traitement ambulatoire.

Du point de vue de l'organisation des espaces de soin, mais aussi d'un point de vue fonctionnel et organisationnel, la policlinique est intégrée à la *Psychiatrische und Nervenklinik*. Cependant, elle demeure hors de l'ordre disciplinaire de celle-ci. Elle constitue l'un des éléments de l'espace intérieur de la clinique tout en représentant, par son entrée latérale, la prolongation d'une artère urbaine et, plus largement, un lien avec la ville désormais étendue [20]. Depuis l'ouverture de la policlinique en 1871, l'augmentation rapide du nombre de patients témoigne avec force de la nécessité tout comme de l'acceptation de la nouvelle institution dans la métropole en pleine expansion (*cf.* tableau 1). Le nombre de malades suivant un traitement ambulatoire, à nouveau en hausse sensible au tournant du XXe siècle, est le résultat tant de la recherche, par la policlinique, de nouveaux cas cliniques que des besoins croissants d'une patientèle urbaine en quête de suivi ambulatoire. Ainsi, à partir de 1907, la policlinique propose, sur la requête de Theodor Ziehens, directeur de la *Psychiatrische und Nervenklinik* de 1905 à 1912, des consultations dispensées par des médecins spécialistes tous les jours ouvrables [21]. Comme en témoigne la forte augmentation du nombre de visiteurs à la policlinique, cette nouveauté répond à la fois aux besoins de la population et à ceux de la recherche et de l'enseignement, dont les représentants estiment « qu'il faut remédier à l'écrasante monotonie du matériel d'admission à l'hôpital » [22]. Les données quantitatives ne mettent cependant pas uniquement au jour la hausse du nombre de consultations, mais également l'évolution du ratio entre patients recevant un traitement ambulatoire et patients hospitalisés : dès l'ouverture des nouveaux bâtiments, les malades venus pour une simple consultation sont beaucoup plus souvent directement transférés dans les services psychiatrique ou neurologique.

20. La *Psychiatrische und Nervenklinik* est située Charitéstraße, tout comme les policliniques pour la gynécologie et la médecine interne. Les patients pénètrent dans le complexe hospitalier par l'entrée nord ou sud, qui est sous la surveillance d'un gardien, et arrivent aux policliniques en suivant un chemin bordé d'une clôture. Voir : Sarrazin O., Hefsfeld O., « Die Neubauten der Königlichen Charité in Berlin », *Centralblatt der Bauverwaltung*, vol. 17, 1897, pp. 205-208 (p. 207).
21. UAHUB, Charité-Direktion 911, p. 120. Autorisation de la demande par le « Ministre des affaires relevant de la religion, de l'enseignement et de la médecine » du 4 avril 1907.
22. UAHUB, Charité-Direktion 911, p. 120. Courrier du directeur de la Clinique daté du 27 juin 1912.

Année	Policlinique	Service de neurologie	Service psychiatrique	Service de neurologie et service psychiatrique, chiffre total	Rapport entre les admissions ambulatoires et les internements
1879/80	165	131	852	983	0,1
1884/85	843	169	1 925	2 121	0,4
1889/90	811	248	2 310	2 558	0,3
1894/95	751	213	2 334	2 547	0,3
1900	1 049	259	1 875	2 134	0,5
1905	2 684	478	1 753	2 231	1,2
1910	5 814	464	1 690	2 154	2,7
1912	6 471	501	1 408	1 909	3,4

Tableau 1. Éléments statistiques concernant les malades suivant un traitement ambulatoire à la policlinique et les malades internés.

Ces statistiques sont issues des bilans d'activité des Annales de la Charité

Un nouvel espace de production du savoir

La métaphore d'un « espace de transit » régulant l'admission des patients uniquement en fonction des besoins cliniques ne satisfait que partiellement à la réalité concrète du quotidien au sein de la policlinique. C'est ce que l'on peut constater en observant tout particulièrement les pratiques mises en œuvre par cette institution dans les premières années de son existence. Ce nouveau lieu institutionnalisé, entre prise en charge ambulatoire et hospitalière, voit émerger un nouveau champ de connaissances singulièrement influent à partir des années 1870, répondant à la fois aux problèmes spécifiques au contexte urbain et aux intérêts de la *Psychiatrische und*

Nervenklinik. La principale différence avec les internements en hôpital ne réside alors plus, depuis longtemps déjà, dans le fait que les médecins peuvent examiner les malades seulement sur une courte période. Nombre de maux traités à la policlinique ont été jusqu'alors soignés en priorité par le médecin de famille ou encore dans le cadre de l'aide médicale publique accordée aux plus démunis. Désormais, les médecins sont confrontés à des pathologies qui n'avaient encore jamais été observées dans les hôpitaux, ou uniquement après qu'elles avaient atteint un stade très avancé.

Le système de suivi documenté mis en œuvre au sein de la policlinique renseigne quant aux pratiques quotidiennes de traitement des patients mais aussi de production des savoirs [23]. Contrairement au suivi documenté propre aux internements, celui se rapportant aux malades bénéficiant d'une prise en charge ambulatoire est effectué chronologiquement et consigné dans des dossiers archivés en plusieurs volumes. Dans ces dossiers, pour chaque patient, la page de gauche est réservée aux informations personnelles concernant le patient, comme l'adresse, la profession et le premier diagnostic, tandis que la page de droite est destinée à accueillir les remarques relatives à l'évolution de la maladie, à la symptomatologie et au traitement administré. Les médecins ne s'en tiennent cependant pas strictement à cette répartition. Ainsi, l'emplacement réservé aux remarques est parfois laissé vide et les annotations débordent couramment les limites des cases où elles doivent être consignées. Dans certains cas, la page entière est noircie à l'encre, laissant supposer que son auteur nourrit un intérêt particulier pour la pathologie en question. Souvent, les médecins insèrent ou collent les formulaires remplis par leurs confrères pour adresser les patients à la policlinique, ou encore les résultats d'ophtalmoscopies ou d'analyses médicales. De temps à autre, les observations pathologiques peuvent être précisées à l'aide d'un petit croquis dessiné par le médecin. Ces suivis documentés s'interrompent soudainement lorsque les malades quittent la policlinique pour être directement transférés dans le service de neurologie ou de psychiatrie voisin. L'indication du numéro de l'admission hospitalière est la seule information fournie sur le parcours de soins du malade. Par ailleurs, en cas de consultations répétées à la policlinique, l'ordre chronologique du suivi documenté n'est plus respecté : le médecin inscrit alors simplement ses observations à la suite des compte-rendu de consultations précédentes, non sans avoir ajouté une brève indication de date [24]. Les malades déjà examinés et dont les visites ne sont plus motivées que par l'administration d'un traitement ambulatoire ne sont pas enregistrés dans les dossiers [25].

23. Les dossiers archivés en volumes de la policlinique (notés ci-après BA NPK) datés de 1876 à 1904 sont conservés en grande partie. Voir les archives historiques de la psychiatrie de la Charité (notées ci-après HPAC).

24. À partir de 1902, les dossiers concernant les hommes et les femmes sont tenus séparément. Le système de notes de la policlinique s'enrichit en 1905 avec l'institution de « journaux de bord » concernant les malades. Ces derniers sont tenus pour chaque patient, comme dans les services hospitaliers. À quelques exceptions près, ces journaux n'ont pas été conservés et

Le suivi documenté prend donc des formes à maints égards moins rigoureuses que la gestion formalisée appliquée aux dossiers médicaux en milieu hospitalier. En consultant les observations consignées dans ces registres, l'on ne peut d'abord manquer de constater qu'elles ont été couchées sur le papier en grande hâte, ce qui n'est guère surprenant au regard du nombre important de consultations tenues à la policlinique. La plupart du temps, les informations relatives à l'anamnèse ont été formulées par des phrases incomplètes et les résultats d'examens notés sous forme de mots-clés ou d'abréviations cryptiques. Cela montre également que ces notes sont destinées uniquement au cercle restreint de médecins qui exercent à la policlinique : elles ne contiennent que des informations pertinentes sur le plan médical. Alors que les dossiers médicaux des patients internés sont tenus avec une précision extrême, soit pour permettre de calculer les coûts du séjour hospitalier, soit parce qu'ils peuvent être utiles pour fournir des attestations de soins ou établir des expertises légales, les suivis documentés tenus à la policlinique évoquent plutôt un journal intime sur les pratiques mises en œuvre, uniquement lu et utilisé par son auteur. Les notes écrites à la hâte sont difficiles à déchiffrer et le recours à de nombreux mots-clés et abréviations donne l'impression que leurs auteurs, les médecins-assistants, n'ont pas eu à envisager un seul instant que des personnes externes à l'établissement puissent consulter ces dossiers un jour. Enfin, ces notes présentent également une fiabilité relative quant au diagnostic. La consultation à la policlinique est brève et, pendant ce temps très court, les médecins n'ont d'autre choix que celui de faire confiance aux informations et descriptions subjectives fournies par leurs patients. Ces derniers ne s'attachent souvent qu'aux symptômes les plus manifestes, lesquels ne permettent pas nécessairement d'élaborer un diagnostic précis [26].

Comparé aux procédures formalisées de constitution de dossiers appliquées en milieu hospitalier, le suivi documenté de la policlinique semble donc très hétérogène et beaucoup moins détaillé. Pour la recherche historico-scientifique qui s'appuie sur le matériel empirique, la différence essentielle réside en premier lieu dans le fait que les notes consignées dans les registres de la policlinique témoignent beaucoup plus de l'intérêt personnel de leurs auteurs

montrent que les nouvelles formes de suivi documenté étaient plus détaillées, comme les rapports sur les pathologies conservés dans les Annales de la Charité. Voir : Borchardt L., « Statistisches und Kasuistisches aus der Nervenpoliklinik (Frauenabteilung) », *Charité-Annalen*, vol. 37, 1913 pp. 134-143 (p. 140 sqq).

25. De la même manière, seules les nouvelles admissions sont prises en compte dans le cadre de la saisie des données statistiques concernant la fréquence des patients. En 1912, on s'efforce, contrairement à cette méthode, d'enregistrer le nombre total de femmes qui viennent en consultation à la policlinique. Pendant les deux heures où elle était ouverte, 40 patientes en moyenne viennent en consultation ou s'y faire soigner. Voir : Borchardt L., « Statistisches und Kasuistisches aus der Nervenpoliklinik (Frauenabteilung) », *op. cit.*, p. 134 sqq.

26. Au sujet du manque de temps et du problème d'identification des symptômes aux stades précoces des maladies, consulter : Borchardt L., « Statistisches und Kasuistisches aus der Nervenpoliklinik (Frauenabteilung) », *op. cit.*, p. 135. En consultant les registres dans lesquels les diagnostics sont consignés, on constate que, selon les périodes, les diagnostics sont plus ou moins souvent consignés, parfois pas du tout.

pour les pathologies étudiées que de réelles pratiques de suivi documenté telles qu'elles ont alors cours dans les salles dédiées aux malades. Le fait que les notes aient été retravaillées pour pouvoir, plus tard, être utilisées par la recherche, met particulièrement en évidence ce tout dernier aspect. Les archives des dossiers témoignent notamment de la façon dont Carl Westphal, le directeur de la *Psychiatrische und Nervenklinik* ayant présidé à son ouverture, a exploité ces notes dans le cadre de ses propres recherches. On observe une forte corrélation entre les innombrables passages qu'il a soulignés, mis en relief, et ses publications parues immédiatement après l'ouverture de la policlinique [27]. Deux de ses domaines de spécialisation, qui ont été d'une importance capitale au cours des deux décennies suivantes, sont, de ce fait, très étroitement liés aux toutes nouvelles possibilités offertes par la policlinique en tant qu'espace de production du savoir.

Les premières publications de Westphal sur les obsessions paraissent en 1872 [28]. Son article sur l'agoraphobie, présentée comme une peur écrasante des vastes espaces et des rues, est considéré aujourd'hui encore comme la description de référence de cette pathologie [29]. Westphal s'inspire des descriptions d'un « état psychopathique méconnu » présentées par Wilhelm Griesinger, lequel ne pouvait ou ne souhaitait toutefois pas établir de diagnostic plus précis à partir de ses propres observations [30], sans doute en raison du fait que les trois cas étudiés étaient ceux de patients suivis dans son cabinet privé et non à la Charité. Griesinger était tout à fait conscient du statut particulier de telles observations, rendues possibles par l'aptitude à l'introspection des patients : c'étaient les patients eux-mêmes qui avaient attiré l'attention de leur psychiatre sur la particularité de leurs symptômes. L'agoraphobie était donc une pathologie relevant du cabinet du médecin libéral, et ce à double titre : elle était à la fois trop marginale pour justifier d'une admission hospitalière et trop difficile à diagnostiquer, pour les médecins, sans l'intervention du patient. L'aptitude à pratiquer l'introspection, autrement dit la capacité à exprimer en termes suffisamment précis son expérience de la maladie, joue ainsi un rôle décisif dans l'identification de la pathologie, de ses caractéristiques et, en fin de compte, de la définition même de l'agoraphobie. La première description qu'en fait Westphal, celle de « la peur des espaces publics », s'appuie sur

27. Hermann Oppenheim procède de façon similaire lorsqu'il identifie les symptômes de la névrose traumatique. Voir Hess V., Mendelsohn A., « Case and series. Medical knowledge and paper technology, 1600-1900 », *History of Science*, vol. 48, 2010, pp. 287-314 (pp. 300-304).
28. Westphal C., « Die Agoraphobie, eine neuropathische Erscheinung », *Archiv für Psychiatrie und Nervenkrankheiten*, vol. 3, 1872, pp. 138-161.
29. Kohl F., Holdorff B., « Carl Westphal (1833–1890) », in Hippius H., Holdorff B., Schliack H. (eds.), *Nervenärzte: Biographien*, Vol. 2, Stuttgart, Thieme, 2006, pp. 197–211(p. 202 sqq).
30. Griesinger W., « Über einen weniger bekannten psychopathischen Zustand », *Archiv für Psychiatrie und Nervenkrankheiten*, vol. 1, 1868-1869, pp. 626-635. La publication fait référence à une conférence tenue à la *Medicinisch-Psychologische Gesellschaft* de Berlin, où Griesinger a présenté une série de réflexions qui, à sa demande expresse, ont été interdites de publication. *Ibid.* p. 635.

l'étude de trois cas, l'un d'entre eux lui ayant été adressé par un confrère. Westphal fait probablement connaissance des deux autres patients à son cabinet médical [31], comme cela avait été le cas de Griesinger. Ces trois patients ont un point commun : ils ne se considèrent pas comme des malades mentaux, mais savent pertinemment qu'ils souffrent d'un trouble nuisant considérablement à la qualité de leur quotidien [32].

Les dossiers de la policlinique, répartis en différents volumes, témoignent du travail de Westphal sur la définition de la maladie. Dans les notes présentées de façon chronologique, les nombreux passages traitant de différents maux et symptômes de phobie ont pour la plupart été soulignés en couleur. Lorsque le diagnostic d'agoraphobie – entre-temps devenu fréquent – est posé lors de la consultation, Westphal l'a souligné d'un trait de crayon épais en reprenant les registres pour ses travaux de recherche [33]. On retrouve d'ailleurs ces observations soulignées dans sa deuxième publication sur l'agoraphobie. Dans la lignée de Griesinger, Westphal y insiste sur le fait que ce trouble psychique est certes fréquent, mais ne conduit que rarement à un internement. Il en conclut que l'agoraphobie n'est pas liée à une symptomatologie nouvelle, mais que ce phénomène concerne principalement « les patients traités en cabinet médical dans les villes assez importantes » [34]. Dans les registres de suivi de la policlinique, l'agoraphobie est au contraire décrite comme un trouble directement lié au développement des grandes villes, un sentiment d'insécurité ressenti « dans les rues animées et les espaces publics », et même un état dans lequel le patient n'essaie « même plus de se déplacer dans un espace public » [35].

Les passages mis en évidence dans les dossiers témoignent d'un effet de réciprocité entre le dispositif spatial et la consolidation épistémique. Suite à la première publication de Westphal, des cas analogues sont étudiés de façon plus approfondie et font l'objet de suivis documentés visiblement plus détaillés [36]. Tout symptôme de peur est alors décrit de manière très précise. Les deux symptômes que le directeur de la *Psychiatrische und Nervenklinik* a, dans sa publication, mis en évidence comme caractéristiques de l'agoraphobie, à savoir le début abrupt de la maladie et l'identification d'états vertigineux,

31. Westphal a observé deux malades de façon superficielle, le troisième lui a transmis des rapports médicaux à maintes reprises. Aujourd'hui, il n'est pas possible d'affirmer avec certitude que Westphal ait connu des cas similaires à la policlinique car le premier volume, regroupant les dossiers des années 1871 à 1875, n'est pas archivé.
32. Westphal, « Die Agoraphobie », *Archiv für Psychiatrie und Nervenkrankheiten*, vol. 3, 1872, pp.138-161 (p. 138 sqq).
33. BA NPK (1876-1880).
34. Carl Westphal, « Über Zwangsvorstellungen », *Archiv für Psychiatrie und Nervenkrankheiten*, vol. 8, 1878, pp. 734-749 (p. 734 sqq).
35. BA NPK (1876-1880), n°122 (cette note a été inscrite en octobre 1876).
36. En ce qui concerne l'effort épistémique indissociable, c'est-à-dire les efforts d'écriture, de saisie, de production et de publication entendus comme des éléments indissociables lorsqu'ils tendent vers la production de savoir, voir : Hoffmann C., « Schreiben als Verfahren der Forschung », in Gamper M. (ed.), *Experiment und Literatur. Themen, Methoden und Theorien*, Göttingen, Wallstein, 2010, pp. 181-207.

font l'objet de descriptions précises et minutieuses [37]. Westphal corrige d'ailleurs ultérieurement certaines des notes consignées dans les dossiers : ainsi, un diagnostic de « mélancolie » apparaît rayé d'un trait de stylo bleu et remplacé par « manie de ressasser », sans que le détail de la symptomatologie s'en trouve modifié. Ce faisant, Westphal parvient à isoler les signes cliniques propres à l'agoraphobie de ceux relevant de l'hystérie et de la mélancolie [38].

Avec la création de la policlinique, la psychiatrie institutionnalisée commence donc à s'intéresser à des signes cliniques jusqu'alors inconnus ou ignorés en raison du peu d'importance qui leur était attribuée sur le plan médical. Parallèlement, la puissance interprétative de la psychiatrie et sa portée effective pénètrent la population urbaine. En 1877, Westphal publie dans les *Archives de la psychiatrie et des maladies des nerfs* la lettre qu'un patient lui a adressée car il pense avoir reconnu dans la description de l'agoraphobie le mal dont il souffre, bien qu'étant profane en la matière. Plein d'enthousiasme, il écrit qu'il connaît enfin le mal qui l'affecte [39]. Cette lettre témoigne de l'écho rencontré par la publication de Westphal au-delà de la communauté scientifique : elle propose en effet à un public non initié des formes d'explication plausibles aux troubles rencontrés en milieu urbain.

De tels « effets de boucle » donnent à voir l'imbrication inextricable de l'espace et du savoir. En même temps, l'observation clinique se trouve modifiée. Ce lieu est en effet source d'impulsions pour la production de nouvelles connaissances psychiatriques. En comparant de nombreux cas similaires, Westphal réussit à regrouper les symptômes isolés en catégories. D'un point de vue étiologique, il attribue l'agoraphobie à un trouble partiel de la faculté de représentation. Ce trouble se caractérise alors essentiellement par une peur non corrélée à une forme de folie, les personnes concernées ayant tout à fait conscience du caractère étrange de leurs émotions. Westphal fait beaucoup plus qu'entreprendre une simple description des symptômes. Dans ses explications et ses interprétations théoriques de l'agoraphobie suivant un modèle psychophysiologique, il n'est plus guère de traces de cette conjonction de l'espace et du savoir. La corrélation « avec d'autres troubles du système nerveux, dont les patients ne prenaient conscience qu'au terme d'interrogations ciblées

37. Le suivi documenté détaillé constatant l'absence d'états vertigineux permet, avec différents résultats ophtalmologiques, d'exclure un signe pathologique très semblable, décrit par le neurologue autrichien Moriz Benedikt quelques années auparavant. Cf. Benedikt M., « Über Platzschwindel », *Allgemeine Wiener Medizinische Zeitung*, vol. 15, 1870, pp. 488-489.

38. BA NPK (1876-1880), n°307 (mai 1876).

39. Westphal C., « Über Platzfurcht. Briefliche Mittheilungen », *Archiv für Psychiatrie und Nervenkrankheiten*, vol. 7, 1877, pp. 377-383 (pp. 377-379). L'auteur de cette lettre fait clairement référence à la distinction entreprise par Westphal entre la « sensation de vertiges dans les espaces publics » et « la peur des espaces publics ». La description de la symptomatique comme une « sensation de vertige dans les espaces publics », présentée par Moriz Benedikt, réduit le malade à un simulateur. La description de « la peur des espaces publics » comme un signe pathologique propre, où la peur est au premier plan, est également l'aspect majeur dans lequel l'auteur de la lettre adressée à Westphal peut, manifestement, mieux se reconnaître.

ou qu'ils n'évoquaient qu'incidemment » [40], révèle comment Westphal parvient à adjoindre à sa description de l'agoraphobie d'autres symptômes neuropathiques non spécifiques à cette dernière afin d'en consolider la définition. La policlinique constitue ainsi un espace où un savoir d'un nouveau genre peut émerger, un espace où des maladies et des catégories de symptômes qui n'avaient pas été observées jusqu'à présent peuvent être recensées, étudiées, définies et ajoutées aux règles faisant autorité pour établir un diagnostic.

La comparaison en série réalisée sur un grand nombre de malades constitue également le noyau méthodique d'un autre domaine de recherche, appelé « le phénomène du genou ». C'est en ces termes que Carl Westphal désigne ce signe neurologique connu aujourd'hui sous le nom de « réflexe rotulien » et qui constituait alors le symptôme décisif permettant de détecter le *tabes dorsalis*, stade avancé d'une infection syphilitique particulièrement répandue dans l'espace urbain. En 1871, le cas de l'un de ses patients lui fait remarquer qu'un coup bref porté en dessous de la rotule provoque un étirement de la jambe. Westphal ordonne immédiatement de soumettre tous les patients – internés ou non – souffrant de troubles moteurs dans les membres inférieurs à cet examen bien particulier et de reporter les résultats de cette expérience systématique dans les dossiers [41]. Quatre ans plus tard, Westphal publie une première ébauche de diagnostic à partir de ses observations, établissant un lien entre ces symptômes neurologiques et le *tabes dorsalis* [42]. Au terme de trois années de recherches effectuées entre les murs de la policlinique, Westphal considère que cette corrélation est incontestablement prouvée et formule l'hypothèse selon laquelle l'absence du « phénomène du genou » constitue un symptôme précoce déterminant pour le diagnostic de cette maladie [43]. Les registres de suivi de la policlinique datés de ces années-là montrent, là encore, que cet examen a été systématiquement effectué sur les patients dès lors que leur symptomatologie donne lieu au moindre soupçon d'un *tabes dorsalis* naissant. Lorsque le patient ne réagit d'aucune manière au réflexe rotulien, on note qu'il n'y a « pas encore de signe de *tabes* » ou encore que, « pour le moment, aucun autre symptôme de *tabes* » ne peut être constaté [44]. Les nombreux passages souli-

40. Westphal C., *op. cit.*, p. 138.
41. Les nombreux passages mis en relief témoignant de la recherche des liens de cause à effet dans les suivis documentés de la policlinique d'une part et dans les dossiers des patients internés pendant cette période d'autre part mettent remarquablement en évidence cette façon de procéder. Voir HPAC. Ces documents, comme ceux concernant la policlinique, sont en grande partie conservés à partir de l'année 1876.
42. Westphal C., « Über einige Bewegungs-Erscheinungen an gelähmten Gliedern », *Archiv für Psychiatrie und Nervenkrankheiten*, vol. 5, 1875, pp. 803-834. Indépendamment de Westphal, Wilhelm Erb s'est penché sur ce sujet de recherche exactement à la même époque. C'est à ce concours de circonstances que la recherche historique doit la description détaillée que fournit Wesphal de sa façon de procéder.
43. Westphal C., « Über ein frühes Symptom der Tabes dorsalis », *Berliner Klinische Wochenschrift*, vol. 15, 1878, pp. 1-3. Publication de la conférence qu'il a tenue à la *Berliner Medicinische Gesellschaft* le 7 novembre 1877.
44. Des observations similaires à celles-ci se trouvent en grand nombre dans les BA NPK (1876 1880).

gnés d'épais traits de crayon bleu témoignent, ici aussi, d'une recherche des liens supposés de cause à effet.

Ce n'est pourtant pas la comparaison sérielle, mais l'observation clinique d'un patient qui vient confirmer cet état de fait scientifique. La symptomatologie spécifique d'un cas suivi permet en effet, en quelque sorte de manière prototypique, de parfaire la démonstration neuropathologique. Une femme venue en consultation à la policlinique décrit les douleurs qu'elle ressent dans les membres inférieurs, douleurs que Westphal interprète comme les tout premiers symptômes, néanmoins encore très imprécis, d'un *tabes dorsalis*. Cette patiente présente également un début d'atrophie nerveuse ainsi qu'une asymétrie très nette au niveau des pupilles constatés par une ophtalmoscopie. Ces signes cliniques sont certes alors considérés comme spécifiques d'une dégénérescence des cordons postérieurs de la moelle épinière, mais ne permettent néanmoins pas d'établir ce diagnostic avec certitude. Pour Westphal, le fait que l'absence de réaction au « phénomène du genou » ne puisse être constaté que d'un seul côté constitue tout l'intérêt de ce cas. Car, comme il l'argumente, la maladie se trouve encore à un stade très précoce [45]. Le fait pour Westphal de rechercher un symptôme précoce permettant de poser un diagnostic peut être interprété comme une démarche rationnelle de recherche en neuropsychiatrie. Le cas retenu pour la démonstration de sa théorie est cependant plutôt atypique au regard de la manière dont chacun des symptômes est apparu et a évolué. Contrairement aux autres malades, cette patiente est en mesure de fournir une description particulièrement précise de ses symptômes, comme le montrent clairement les notes consignées dans les dossiers de la policlinique. Après les avoir soulignées dans les registres, Westphal reprend d'ailleurs mot pour mot ses descriptions précises et détaillées dans sa publication.

La possibilité d'effectuer un diagnostic précoce du *tabes dorsalis*, dont on ne faisait que supposer, à l'époque, le lien causal à la syphilis, est d'une importance considérable tant pour la pratique clinique que pour la recherche scientifique [46]. Le diagnostic précoce promet avant tout de meilleures possibilités de traitement. L'examen, rapide et simple à effectuer, constitue justement pour les nombreux malades qui viennent alors en consultation à la policlinique une méthode commode d'investigation fondée sur un diagnostic différentiel. En effet, le « phénomène du genou » fournit un critère simple à mettre

45. BA NPK (1876-1880), n°372 et 839. Les notes consignées dans les dossiers reliés révèlent que cette patiente a été convoquée plusieurs fois pour être examinée quant à cette symptomatique.

46. La paralysie progressive constitue un maillon important entre la psychiatrie et la neuropathologie : pour aucune autre maladie psychique, on ne peut constater de lien aussi évident entre la symptomatologie et les résultats présentés par chacune des disciplines. La distinction opérée entre la paralysie progressive et la représentation contemporaine de la « psychose unitaire » représente une étape importante dans la professionnalisation de la psychiatrie. Pour plus de précisions, consulter : Engstrom E., *Clinical Psychiatry in Imperial Germany*, *op. cit.*, p. 107-110.

en œuvre pour distinguer l'hypocondrie d'un *tabes dorsalis* au stade précoce, et sur lequel le patient ne peut exercer aucune influence. Cet examen joue également, comme l'écrit Westpahl, un rôle primordial dans l'élaboration du diagnostic [47] pour les « malades moins instruits » qui, d'après lui, ne sont souvent pas en mesure de décrire avec précision les caractéristiques des douleurs prodromales. C'est justement le caractère performatif de ce signe considéré comme indubitablement objectif, révélé au clinicien par un mouvement réflexe simple ne faisant pas intervenir la volonté du patient, qui distingue le « phénomène du genou » d'une description purement phénoménologique de la symptomatologie psychiatrique.

La démonstration des symptômes revêt donc une importance décisive pour que la psychiatrie, en quête de prestige, puisse être élevée au rang de discipline et se rapprocher ainsi, comme ce fut le cas à la Charité, de la neurologie, discipline plutôt orientée vers les sciences de la nature. Dans cette configuration épistémologique, la policlinique joue un rôle déterminant. L'ouverture de la psychiatrie à la ville favorise certes une attention nouvelle pour une patientèle plus vaste. L'accent clairement mis, dans les démonstrations pratiques notamment, sur les symptômes et les pathologies neurologiques (plus aisément identifiables et vérifiables) induit cependant également une forme de « biais » dans le contenu des enseignements, clairement articulés autour de la neurologie.

Entre psychiatrie et neurologie : la production d'un nouvel ordre de savoir

Dans un discours portant sur la psychiatrie et le cours magistral en psychiatrie, Carl Westphal constate, en 1880, que « dans le cas de maladies mentales, il ne s'agit pas uniquement de manifestations psychiques anormales. Au contraire, les troubles moteurs graves, consistant tantôt en des phénomènes d'irritabilité ou des crampes [...], tantôt en des paralysies ou des troubles de la coordination, constituent un groupe de symptômes dont l'importance et la valeur égalent celles des phénomènes psychiques ; il est même possible que les troubles moteurs constituent, dans la phase d'apparition des symptômes d'une maladie, les manifestations les plus importantes et les plus essentielles » [48]. Selon Westphal, l'observation clinique aurait recours à des méthodes qui, s'appuyant sur les sciences de la nature, se démarquent des conceptions ayant fait autorité précédemment et empruntées à la psychologie. L'objectif serait ainsi d'identifier certains phénomènes psychiques en mettant en lumière la similarité de leurs combinaisons.

47. Westphal C., « Über ein frühes Symptom der Tabes dorsalis », *Berliner Klinische Wochenschrift*, vol. 15, 1878, p. 2.
48. Westphal C., « Psychiatrie und psychiatrischer Unterricht », *op. cit.*, p. 25 [souligné dans l'original].

Pour que puisse être effectuée la fusion de la psychiatrie et de la neurologie, qui ne va nullement de soi et à laquelle Griesinger aspire, il n'est certes pas nécessaire que les patients relèvent précisément de l'une de ces deux disciplines, mais il faut que les signes cliniques soient visibles [49].

En s'attachant au primat de la visibilité, la psychiatrie semble céder le pas à la neurologie. Cependant, la démonstration des symptômes neurologiques étant généralement plus difficile, la psychiatrie reste en fin de compte dépendante des descriptions fournies par les patients eux-mêmes. La *Psychiatrische und Nervenklinik* présente ainsi des avantages particuliers pour la formation des étudiants en médecine, « d'une part en raison de la richesse et de la diversité du matériel, du niveau d'instruction relativement élevé constaté auprès des habitants malades issus d'un milieu urbain qui permet une meilleure approche des mécanismes psychiques, d'autre part parce que chez nous, la clinique pour les maladies psychiques forme une unité homogène avec la clinique pour les maladies nerveuses, ce qui n'est le cas nulle part ailleurs » [50]. Par conséquent, la policlinique ne sert pas uniquement à obtenir « du matériel humain » susceptible de présenter un intérêt immédiat pour la recherche et la poursuite des observations en milieu hospitalier : elle constitue également l'espace au sein duquel se matérialise le rapprochement avec la neurologie, rapprochement d'une nécessité absolue pour que puisse s'établir la discipline psychiatrique. L'ouverture de la psychiatrie, permise par cette institution, rend possible la diffusion des nouveaux savoirs acquis par la discipline. C'est en particulier la démonstration clinique, dans le cadre de l'enseignement pratique dispensé aux étudiants, qui marque la consécration de l'unité de la science neuro-psychiatrique.

La présentation de malades permettant d'illustrer et d'approfondir les enseignements théoriques est alors une tradition déjà relativement ancienne [51]. Pendant les dix années où il enseigne à Tübingen, Wilhelm Griesinger procède à la présentation de malades mentaux qu'il considère comme un élément constitutif de la formation psychiatrique [52]. A partir de 1864, elles ont également cours à la policlinique neuro-psychiatrique [53].

---

49. Foucault M., *Naissance de la Clinique*, Paris, PUF, 1963.
50. *Ibidem*, p. 24 [souligné dans l'original].
51. Michel Foucault décrit l'importance épistémologique de la démonstration clinique et l'art de la mettre en scène comme un élément important de l'activité spécifiquement médicale, qui marqua le début de l'évolution du « diagnostic absolu » vers la pratique du diagnostic différentiel. Voir : Foucault M., *Le pouvoir psychiatrique, Cours au Collège de France (1973 - 1974)*, Paris, Seuil, p. 143. Concernant les techniques appliquées par Jean-Martin Charcot pour produire l'évidence, voir : Didi-Hubermann G., *Invention de l'hystérie. Charcot et l'iconographie photographique de la Salpêtrière*, Paris, Macula, 1982 ; Ralser M., *Das Subjekt der Normalität. Das Wissensarchiv der Psychiatrie : Kulturen der Krankheit um 1900*, München, Fink, 2010, pp. 39-44.
52. Griesinger W., *Die Pathologie und Therapie der psychischen Krankheiten für Ärzte und Studierende*, Stuttgart, Krabbe, 1868.
53. Westphal C., « Nekrolog. Nach einer Rede gehalten zur Gedenkfeier für Griesinger in der Medicinisch-Psychologischen Gesellschaft zu Berlin », *Archiv für Psychiatrie und*

Deux ans auparavant, Carl Westphal, l'assistant de Griesinger (qui, plus tard, serait amené à lui succéder) a en effet obtenu l'autorisation ministérielle « de présenter les différents malades dans le cadre de ses cours magistraux sur la psychiatrie » [54]. À quelques détails près, ces cours, d'une durée de deux heures, sont dispensés de la même façon par chacun des deux psychiatres. La première partie consiste en une explication théorique des maladies, illustrée dans une seconde partie par un cas pratique présentant une pertinence particulière [55]. Environ 80 à 90 malades font, chaque semestre, l'objet d'une démonstration clinique. Certains d'entre eux ne sont montrés aux étudiants que brièvement, pour illustrer des symptômes ou des signes cliniques bien particuliers. En revanche, d'autres sont observés plus en détail, notamment pour mettre en évidence les diagnostics différentiels. À cet effet, les patients sont en général amenés dans l'amphithéâtre. Il arrive cependant également que les étudiants se rendent à leur chevet, voire leur rendent visite dans le parc de la clinique afin de créer une situation de rencontre la plus naturelle possible [56].

L'institution de la *Psychiatrische und Nervenklinik* participe au développement de cette forme d'enseignement à maints égards. Premièrement, il y est plus aisé d'organiser l'enseignement pratique en convoquant, de façon ciblée, les patients qui suivent un traitement ambulatoire. Deuxièmement, le nombre de patients a significativement augmenté, ce qui permet de mieux sélectionner les cas susceptibles de se prêter aux démonstrations cliniques. Enfin, la position géographique de la policlinique dans la ville, mais aussi la diversité des personnes à examiner doivent permettre au médecin débutant d'exercer son regard sur des patients qui, plus tard, constitueront « le pain quotidien du généraliste » [57]. « Saisir rapidement ce qui doit l'être » et « tirer rapidement l'essentiel de l'anamnèse », tels sont les impératifs centraux de l'enseignement policlinique, dont la maxime est de donner à comprendre « ce sur quoi l'examen clinique doit se concentrer » [58]. Les jeunes médecins s'efforcent donc d'acquérir à la policlinique les compétences qui leur permettent ensuite d'apparaître qualifiés pour exercer dans un cabinet médical pour les plus démunis ou auprès d'une caisse d'assurance maladie dans une grande ville.

Nervenkrankheiten, vol. 1, 1868-1869, pp. 760-782 (p. 769).

54. Siemering E., « Carl Westphal, Nekrolog », *Archiv für Psychiatrie und Nervenkrankheiten*, vol. 21, 1890, pp. 1-15

55. Westphal continue à enseigner la théorie séparément des leçons illustrées par les démonstrations cliniques. Il décrit son enseignement en ces termes : « Le patient est introduit dans l'amphithéâtre et positionné de manière à voir au mieux son cas individuel afin que celui-ci puisse être soumis à l'étude et à l'examen [sic]. Suit un cours sur le cas pathologique. Suivant la situation du patient, je permets, souvent, qu'il assiste au cours. » Westphal C., « Psychiatrische Klinik », *Charité-Annalen*, vol. 1, 1874, pp. 453- 499 (p. 463 sqq).

56. Auteur anonyme, « Miscellen », *Archiv für Psychiatrie und Nervenkrankheiten*, vol. 1, 1868-1869, pp. 232-233.

57. Rumpf H., « Die Aufgaben des poliklinischen Unterrichts », *Berliner Klinische Wochenschrift*, vol. 25, 1888, pp. 1037-1040 (p. 1039).

58. *Ibid.*

Les programmes des cours de la policlinique mettent clairement en évidence l'importance attribuée aux démonstrations cliniques. Celles-ci ont lieu une fois par semaine, parallèlement aux horaires d'ouverture de la policlinique. Les étudiants en médecine peuvent ainsi s'exercer, au-delà du simple diagnostic, à l'examen pratique du corps du malade, dans la foulée des consultations. Une salle d'examen prévue à cet effet est aménagée juste à côté de l'amphithéâtre, au premier étage de la policlinique [59]. Comme nous l'avons déjà évoqué, les présentations de malades font, dès l'origine, partie intégrante de l'institution. Néanmoins, les dossiers ne conservent des traces écrites de ces présentations qu'à partir de la fin du siècle, sous la forme de notes plus ou moins détaillées [60]. Disposer d'un nombre de patients suffisant est la condition préalable à une « démonstration systématique » des acquis théoriques [61]. Pourtant, même lorsque cette condition est remplie, la relation entre la théorie et la pratique reste complexe, car on ne peut résoudre sans difficultés – si toutefois, on y parvient – l'inéluctable écart entre le cas du malade présenté et une forme idéaltypique de signes cliniques [62]. Les psychiatres sont tout à fait conscients de cette contradiction lorsque, comme Carl Wernicke, ils ne déduisent pas la pertinence de la théorie présentée de la seule « bonne sélection » des patients, mais surtout du fait qu'ils ont été présentés sous un angle permettant de confirmer la proposition théorique. L'objectif ambitieux de la démonstration clinique est de présenter les « signes cliniques » de manière à ce que l'on puisse les retenir aisément : « L'image instantanée qu'offrent les patients [...] est constatée par l'enseignant et ses assistants dans le cadre d'un travail collectif. Bien entendu, il ne s'agit pas ici de cas présentant une pathologie précise ; aucun matériel, même le plus abondant, n'est en mesure de fournir un tel cas de pathologie dans le court laps de temps d'un semestre universitaire » [63].

Les notes consignées dans les dossiers mettent en évidence trois différents types de raisons justifiant une sélection des patients : d'abord, les cas particulièrement rares ; ensuite, ceux qui permettent de stimuler une discussion portant sur l'élaboration d'un diagnostic différentiel et pour lesquels l'examen

59. Voir à ce sujet les programmes de cours de l'Université Friedrich Wilhelm à Berlin datés de ces années-là.
60. Cette observation est à mettre en rapport avec la pratique du suivi documenté qui, à l'époque, devint plus détaillée. À partir de 1898, soit parallèlement à cette évolution observée à la policlinique, les notes relatives aux démonstrations cliniques sont également consignées dans les dossiers des patients hospitalisés.
61. Cette façon de disposer des patients est contestée. Voir : UAHUB, Charité-Direktion 1038, p. 76. Plaintes (de l'année 1897 ou 1898) émanant du directeur de la Clinique, Friedrich Jolly (1890-1904), parce que la Clinique n'a alors pas suffisamment de possibilités lui permettant de recourir aux patients pour procéder à des démonstrations cliniques. La direction en charge des personnes les plus démunies adresse cette plainte directement à Dalldorf.
62. Ruchatz J., Willer S., Pethes N., « Zur Systematik des Beispiels », in Ruchatz J., Willer S., Pethes N. (eds.), *Das Beispiel. Epistemologie des Exemplarischen*, Berlin, Kadmos, 2007, pp. 7-59.
63. Wernicke C., *Krankenvorstellungen aus der Psychiatrischen Klinik in Breslau (Psychiatrische Abhandlungen, 10/11)*, Breslau, 1899, p. 1. De 1876 à 1878, Carl Wernicke est médecin-assistant à la Charité . À partir de 1885, il enseigne la psychiatrie et l'étude des maladies des nerfs à Breslau et est nommé à Halle en 1904.

collectif donne lieu à une présentation systématique de chacun des symptômes en fonction de l'étiologie et de son importance pour l'établissement du diagnostic ; enfin, ceux qui présentent des signes cliniques neurologiques et auxquels la démonstration clinique accorde le plus d'importance – dans la logique performative de sa mise en scène. En font partie les nombreux cas ayant fait l'objet d'un suivi documenté, présentant par exemple un trouble de la fonction d'un nerf ou de la racine d'un nerf : l'utilisation du courant électrique (faradisation ou galvanisation) permet de diagnostiquer ce trouble d'une manière particulièrement efficace, sans laisser place au moindre doute.

Ce seuil de visibilité est beaucoup moins important lorsqu'il s'agit de signes cliniques neurologiques que dans le cas d'une symptomatologie psychiatrique. Il est en effet plus aisé de reconnaître les signes cliniques neurologiques à l'aide « d'une méthode d'examen objective », comme le souligne alors Karl Bonhoeffer, qui devient plus tard directeur de la *Psychiatrische und Nervenklinik* (1912-1938), lors de la conférence qu'il tient à l'occasion de sa prise de fonction. En revanche, les caractéristiques propres aux signes cliniques psychiatriques ne peuvent être identifiés « qu'au terme d'un regroupement judicieux » des symptômes subjectifs [64]. Ainsi, il est plus aisé de démontrer le « comportement paralytique » [65] d'une infection syphilitique au stade avancé que les troubles affectifs ou cognitifs de la mémoire [66]. Si la patientèle de la policlinique pour les maladies des nerfs ne se limite en aucun cas à des malades présentant des pathologies du système nerveux, l'institution de la policlinique, et notamment l'enseignement qui y est dispensé, pose donc la question de la relation entre neurologie et psychiatrie d'une manière radicalement nouvelle.

Avec la notion d'hétérotopie [67], Michel Foucault définit certains emplacements réels comme utopies situées. Les institutions psychiatriques sont un exemple paradigmatique d'hétérotopies de déviation, où sont admises les personnes dont le comportement dévie de la norme exigée. Les hétérotopies sont

64. Bonhoeffer K., « Über die Bedeutung der psychiatrischen Unterrichtsmethodik für die allgemeine ärztliche Ausbildung », *Berliner Klinische Wochenschrift*, vol. 49, 1912, pp. 925-927 (p. 926).
65. BA NPK (1899), n° 374. La patiente est venue à la policlinique le 21 juillet de cette année-là et a fait l'objet d'une démonstration clinique cinq jours plus tard.
66. Cette observation correspond aux démonstrations cliniques effectuées dans les associations professionnelles, ce qui est plus souvent le cas en neurologie qu'en psychiatrie. Voir à ce propos : Schmiedebach H.-P., *Psychiatrie und Psychologie im Widerstreit : die Auseinandersetzung in der Berliner medicinisch-psychologischen Gesellschaft, 1867–1899 (=Abhandlungen zur Geschichte der Medizin und der Naturwissenschaften, Bd. 51)*, Husum, Matthiesen Verlag, 1986, p. 27 sqq ; Wolter M., « Neurologie im Spiegel der 1876 gegründeten Berliner Gesellschaft für Psychiatrie und Neurologie », in Holdorff B., Winau R. (eds.), *Geschichte der Neurologie in Berlin*, Berlin-New York, de Gruyter, 2001, pp. 71-83 (p. 73 sqq).
67. Voir Foucault M., « Des espaces autres », in *Dits et écrits 1954-1988*, t. IV (1980-1988), Paris, Éditions Gallimard, coll. « Bibliothèque des sciences humaines », 1994 [1984], pp. 752-762 (p. 755-756).

toujours délimitées et représentent plusieurs espaces réels, qui, en tant que tels, sont considérés comme incompatibles. À cet égard, l'institution toute nouvelle qu'est la policlinique psychiatrique à la fin du XIXe siècle revêt un intérêt multiple. Elle constitue l'appendice d'une institution traditionnelle hermétiquement fermée, l'hôpital, mais s'en distingue également, en tant qu'espace nouvellement constitué entre ce dernier et la ville. Elle se situe ainsi à la fois à l'intérieur et à l'extérieur de l'institution psychiatrique. Le temps des consultations proposées par la policlinique, on peut franchir les murs de l'institution psychiatrique habituellement infranchissables sans que, pour autant, la consultation ne conduise nécessairement à un internement.

La création de la *Psychiatrische und Nervenklinik* de Berlin ne relève aucunement d'une entreprise stratégique des cliniciens visant à garantir un nombre suffisant de cas pathologiques intéressants pour la recherche et l'enseignement, mais bien plutôt d'un processus d'inclusion d'un « savoir en devenir ». Ce n'est qu'en interaction avec les patients que cette ouverture a évolué en un espace entièrement nouveau de production du savoir de la psychiatrie. Le système de suivi documenté de la policlinique montre que cet espace hétérotope s'est constitué en tant que tel de façon progressive, mais surtout en interaction avec son environnement, au fur et à mesure que s'estompe la frontière entre la ville et l'Hôpital et que psychologie et neurologie se rapprochent. La patientèle radicalement nouvelle et en augmentation constante que permettent d'attirer tant la gratuité des soins que l'accessibilité des nouvelles offres thérapeutiques rend possible l'observation et la comparaison de maladies se trouvant à un stade précoce de leur évolution et jusqu'alors inconnues des services hospitaliers d'internement. Ces manifestations, décrites comme des troubles générés par la ville, sont alors, dans le nouvel espace de la policlinique, constituées en objets de savoir avec le concours des patients. La policlinique, en tant qu'espace hétérotope, parvient ainsi à une double rupture – non seulement avec la classification traditionnelle qui distinguait un « à l'intérieur » d'un « à l'extérieur » de la psychiatrie mais aussi, plus largement, avec la dichotomie institutionnelle entre *santé* et *maladie* psychique – ouvrant ainsi un champ de connaissances encore vierge.

Totalisation carcérale en terre coloniale : la *carcéralisation* à Saint-Laurent-du-Maroni (XIXe-XXe siècles)

Marine COQUET

Marine Coquet est doctorante à l'École des hautes études en sciences sociales (Paris) et prépare une thèse intitulée « Expérience coloniale : la colonisation pénale en Guyane. Le bagne hors les murs : histoire sociale du village de Saint-Laurent-du-Maroni, capitale des bagnes guyanais. 1852-1953 », sous la direction d'Isabelle Merle.

La Guyane française, unique colonie de l'Empire français en Amérique du Sud, a porté dès le début du XVIIe siècle les rêves d'Eldorado des colons qui s'engouffraient dans les profondeurs de la jungle amazonienne [1]. Rapidement, les expéditions successives se révèlent coûteuses humainement et financièrement. Au XIXe siècle, la Guyane reste sous-peuplée et son territoire n'est jalonné que de quelques bourgades côtières faiblement développées.

Au cours du XIXe siècle et à la suite d'une première et brève tentative sous le régime de la Convention, l'idée d'une colonisation de la Guyane par la voie pénale chemine dans les couloirs des parlementaires. Elle est concrétisée par la loi du 30 mai 1854 sur l'exécution de la peine des travaux forcés, édictée sous l'autorité de Louis Napoléon Bonaparte. La Guyane devient une colonie pénale où les condamnés aux travaux forcés doivent dorénavant purger leur peine – jusque-là effectuée dans les bagnes portuaires métropolitains. Une loi au triple objectif, déclaré par le Prince-Président en 1850 : « Six mille condamnés renfermés dans nos bagnes grèvent le budget d'une charge énorme, se dépravant de plus en plus, et menacent incessamment la société. Il me semble possible de rendre la peine des travaux forcés plus efficace, plus moralisatrice, moins dispendieuse et plus humaine en l'utilisant aux progrès de la colonisation française [2] ». Les forçats deviennent des *transportés*. Ils sont, selon l'arti-

1. Cornuel P., « Guyane française, du "paradis" à l'enfer du bagne », in Ferro M., *Le livre noir du colonialisme, XVI-XXIe siècles : de l'extermination à la repentance*, Paris, Robert Laffont, 2003, pp. 208-219.

cle 6 de la loi de 1854, soumis au *doublage* : une fois accomplie leur peine de travaux forcés, ils sont astreints à résidence sur le sol de la colonie, à temps ou à perpétuité, selon la durée de leur peine principale.

Les bagnes coloniaux s'installent. À l'est d'abord, puis à l'ouest, où se concrétisent sous la pression des élites cayennaises les volontés de concentration de la transportation. En 1860 est constitué le « territoire pénitentiaire du Maroni », d'une superficie de 163 000 hectares, exclusivement destiné à la gestion de la transportation. Les murs ici sont fluviaux et végétaux : le fleuve Maroni et la densité de la forêt constituent paradoxalement autant de remparts contre l'évasion que d'espoirs pour les évadés. Des camps [3] sont construits dans et autour du bourg de Saint-Laurent-du-Maroni, entièrement édifié par et pour le bagne à partir de 1857. Isolé du reste du pays, le petit centre urbain devient le siège de l'administration pénitentiaire en Guyane, qui le contrôle, le peuple et l'administre.

Une bibliographie conséquente existe sur les fondements, le fonctionnement et les activités internes des bagnes coloniaux [4]. Les historiens ont travaillé autant l'histoire de la peine que celle de son application concrète à l'intérieur des murs des camps. Cependant, l'histoire de Saint-Laurent-du-Maroni constitue une entrée vers une autre analyse des pratiques de l'administration pénitentiaire en Guyane [5]. Le carcéral s'étend sur un territoire que des barbelés ne sauraient contenir à l'échelle de la ville. La singularité du terrain repose par ailleurs sur la juxtaposition de logiques carcérales et coloniales. Ces deux dynamiques cohabitent et parfois s'entrechoquent et leurs expressions se révèlent tant dans le processus de construction de la ville, sa « fabrication ordinaire » [6], que dans la constitution des hiérarchisations sociales.

2. Cité par Pierre M., *Bagnards. La terre de grande punition. Cayenne 1852-1953*, Paris, Autrement, 2000, p. 19.
3. Le terme de « camp » englobe autant les « camps forestiers », à l'existence souvent temporaire et aux infrastructures précaires, que les camps fixes comme le « camp de la transportation » de Saint-Laurent-du-Maroni, dont la dénomination est ainsi gravée sur l'imposante porte d'entrée. Les « camps » fixes peuvent être ouverts – ceux des îles du Salut et de Saint-Jean-du-Maroni par exemple – ou fermés par des murs d'enceinte – tel celui de Saint-Laurent-du-Maroni.
4. Donet-Vincent D., *De soleil et de silences, histoire des bagnes de Guyane*, Paris, La Boutique de l'Histoire, 2003 ; Pierre M., *op. cit.* ; Godfroy M., *Bagnards*, Paris, Tallandier, 2008.
5. Le fond archivistique de la commune de Saint-Laurent-du-Maroni (A.C.), couvrant toute la première moitié du XXe siècle, a récemment été redécouvert. Rapports de police, patentes commerciales, listes électorales, correspondances entre les services administratifs et entre l'administration communale et l'administration pénitentiaire : autant de documents qui, soumis à une lecture critique, dévoilent des pans entiers de l'histoire locale de la capitale du bagne. Ces données micro-historiques sont confrontées aux archives nationales d'outre-mer (ANOM), à celles des organismes privés, religieux notamment, ayant œuvré dans la ville et dans les camps, et aux témoignages écrits et oraux de forçats et d'habitants. Ce corpus nous permet d'examiner l'échelle locale à la lumière des enjeux gouvernementaux et de pallier la froideur des documents officiels par les témoignages des acteurs. Cette histoire au « ras du sol », selon l'expression de Jacques Revel, nous permet d'entrer dans une autre histoire de la colonisation pénale en Guyane en la resituant sur un territoire colonial.

Confronter ce panorama local à la notion d'*institution totale* conceptualisée par le sociologue Erving Goffman nous permet d'interroger les spécificités de la totalisation institutionnelle à l'échelle d'une ville, aux frontières catégorielles oscillant entre rigidités et porosités [7]. Dans *Asiles*, le sociologue entend adopter un point de vue *indigène* pour déconstruire les justifications médicales sur lesquelles se fonde l'institution et déterminer les critères d'une institution totale qu'il définit comme « un lieu de résidence et de travail où un grand nombre d'individus, placés dans la même situation, coupés du monde extérieur pour une période relativement longue, mènent ensemble une vie recluse dont les modalités sont explicitement et minutieusement réglées ». Il nous semble intéressant de confronter ce concept sociologique à l'étude historique d'une ville dont la construction répond à de singulières préoccupations coloniales et carcérales. L'angle que nous nous proposons d'adopter ici par la confrontation de sources administratives, de données législatives et de témoignages des acteurs nous permet non pas d'adopter un point de vue indigène mais d'évaluer la teneur des volontés institutionnelles à la lumière des pratiques sociales qui procèdent de la fabrication ordinaire de la ville. La singularité du terrain pousse à définir la nature et les caractéristiques propres à un processus totalisant appliqué sur un territoire conséquent, aux frontières floues, et voué à la gestion de la transportation. Quelles particularités président au processus de construction d'une ville entière vouée, en terre coloniale, au redressement social et moral des déviants ? Comment qualifier les dynamiques qui constituent les réseaux spatiaux et sociaux de la capitale du bagne, de « la capitale du crime » [8] ?

Par une approche qui souhaiterait emprunter à la géographie une analyse sociale de la gestion de l'espace [9], nous analyserons comment le carcéral se territorialise pour comprendre comment la vocation carcérale de la ville de Saint-Laurent-du-Maroni permet de tendre vers sa totalisation organisationnelle et sociale, dirigée par une administration pénitentiaire coloniale aux pouvoirs étendus.

La territorialisation du carcéral

Au cours de la seconde moitié du XIXe siècle, le bourg de Saint-Laurent-du-Maroni prend forme et s'étend. Son agencement autant que son évolution spatiale sont les témoins géographiques et architecturaux de la volonté de l'administration pénitentiaire de ségréguer, de contrôler et de dominer.

6 . Backouche I. et Montel N., « La fabrique ordinaire de la ville », *Histoire urbaine*, n°19, 2007, pp. 5-9.
7 . Goffman E., *Asiles*, Paris, Éditions de Minuit, 2010 [1968].
8 . Londres A., *Au bagne*, Paris, Le Serpent à plumes, 2003 (rééd.), p. 139.
9 . Et notamment l'approche de Milhaud O., « Séparer et punir. Les prisons françaises : mise à distance et punition par l'espace », thèse de géographie, Université Michel de Montaigne Bordeaux 3, 2009.

Pensée à l'origine autour du camp de la transportation et des concessions de terrains accordées aux condamnés les plus méritants, la fabrication ordinaire de la ville est dominée par l'administration pénitentiaire mais complexifiée par les migrations de populations libres, locales et immigrées, drainées par l'industrie du bagne et celle de l'or. Le manichéisme apparent entre condamnés et administration pénitentiaire se trouve alors dépassé par l'introduction d'une population composite. Mais la séparation, tant sociale que spatiale, reste l'alliée de la volonté de contrôle de l'administration pénitentiaire sur cet ensemble hétéroclite d'administrés. Dans la capitale du bagne, le carcéral est à l'origine de sa conception, de sa construction et de son organisation.

Une ville autour d'un camp

Au centre de la construction de la ville se situe le camp de la transportation. Les administrateurs parlent de « centre pénitentiaire agricole » : les « aspirants colons » (les condamnés) doivent servir aux travaux de colonisation du territoire et ainsi s'amender par leur ferveur au travail, afin d'obtenir à l'issue de leur peine une concession de terre à faire fructifier et devenir de véritables colons concessionnaires.

Le camp est l'espace de vie dédié aux condamnés en cours de peine. Le rythme de la journée, le contenu des repas, les horaires de travail et de pauses, l'attribution aux corvées, le placement dans les différents camps ou cases y sont strictement encadrés par l'administration pénitentiaire. S'ajoutent les interdictions d'écrire, d'entretenir une correspondance, de fumer, d'avoir des biens personnels ou de l'argent. Comme dans les prisons métropolitaines, l'objectif de redressement reste largement dans l'ombre des pratiques de surveillance et de contrôle. Par l'infantilisation des existences individuelles et le conditionnement coercitif des comportements, l'institution cherche à maîtriser les corps, mais aussi les « instincts » qu'elle considère comme nocifs. Initialement conçu comme un centre pénitentiaire agricole, un *autre lieu* favorisant la réinsertion des condamnés dans la société coloniale en en faisant des propriétaires terriens, le camp de Saint-Laurent-du-Maroni devient progressivement un véritable centre d'internement, un *autre lieu* de punition des détenus [10].

L'accroissement de la population carcérale en Guyane [11] et la découverte récente de gisements aurifères dans les hauteurs du fleuve Maroni, irrigant la région de nouveaux flux migratoires et décuplant les intérêts coloniaux du territoire pénitentiaire, poussent les autorités à œuvrer en faveur d'un renforce-

10. Foucault M., « Des espaces autres », *Architecture, Mouvement, Continuité*, n°5, 1984, pp. 46-49.

11. Notamment du fait de la reprise des convois de condamnés européens en direction de la Guyane en 1887. Depuis 1867, en raison des difficultés d'acclimation, les condamnés de « race blanche » sont envoyés en Nouvelle-Calédonie, suivant des thèses portant sur les propriétés raciales adaptées aux climats équatoriaux. Citons par exemple l'ouvrage du Docteur Orgeas,

ment du contrôle des détenus. En 1889, 1890 et 1891, une série de lois durcit le régime pénal des transportés. Les traductions spatiales de ces mesures sont immédiatement mises en œuvre. Entre 1887 et 1890 se dresse autour des cases disposées en deux files symétriques un mur d'enceinte d'une hauteur moyenne de 3,50 mètres, qui remplace de petites palissades de bois [12]. Entre 1895 et 1906, un quartier disciplinaire est construit dans l'enceinte du pénitencier, spécialement dédié à la répression des manquements à la discipline des condamnés en cours de peine et des libérés [13]. Le tournant répressif et disciplinaire de la fin du siècle se matérialise dans les textes et dans l'espace. Loin de se destiner au colonialisme après une régénération acquise à la force du travail, comme tendait à le faire penser l'esprit de la loi en 1854, les condamnés aux travaux forcés en Guyane sont assujettis à peine quarante années plus tard à une rude discipline pénitentiaire. Le processus de totalisation institutionnelle autour du carcéral, que nous nommons *carcéralisation* de la ville, passe d'abord par un durcissement répressif de l'appareil institutionnel du bagne et une transformation de fait de la finalité donnée à la colonisation pénale. À l'intérieur des murs du camp central de Saint-Laurent-du-Maroni, le carcéral prend le pas sur le colonial. C'est en parallèle de cette évolution interne au système-bagne que se construisent, autour du camp, les différents quartiers du bourg.

Fonctionnalité des espaces et ségrégations

Plusieurs quartiers sont érigés autour du camp de la transportation entre les années 1860 et le milieu du XXe siècle. Ils traduisent à la fois l'organisation et la hiérarchisation *carcéralisées* de l'espace urbain.

Le quartier dit « officiel » regroupe les édifices publics – mairie, écoles, église, tribunaux, etc. – ainsi que les logements du personnel de la transportation. Favorisant l'entre-soi des employés, il est séparé du quartier dit « carcéral » – composé du camp et de la caserne militaire – et du quartier dit « colonial » ou « village », par une large avenue. Celle-ci dessine la physionomie des constructions catégorielles mises en place par les autorités. Le quartier officiel est le lieu du pouvoir. Outre qu'il est entretenu avec soin par le biais des corvées de condamnés, il dispose d'infrastructures sanitaires bien plus développées que celles existant dans les rues du village. La circulation y est interdite la nuit à une partie de la population, les libérés du bagne, astreints à résidence sur le sol de la colonie une fois purgée leur peine de travaux forcés [14].

médecin de la marine : Orgeas J., *La pathologie des races humaines et le problème de la colonisation : étude anthropologique et économique faite à la Guyane française*, Paris, Octave Doin, 1886.

12. ANOM, H1240, rapport de l'inspecteur des colonies Fontaneilles, 1895.
13. ANOM, 1TP 1019, 1TP467, H2023, H2025. Quand bien même les libérés vivent en dehors du camp pour effectuer leur peine de « doublage », ils restent soumis aux juridictions du bagne et notamment au Tribunal maritime spécial.
14. A.C., 3D Correspondances et rapports 1937-1949.

L'architecture des maisons, l'utilisation de vérandas, de ferronneries, la systématisation des dépendances à l'arrière des villas et l'uniformisation de leur aspect par les murets de briques qui les entourent sont les témoins de la stature dominatrice du quartier sur le reste de la ville.

À l'inverse, agencé par un plan en damier, typique des villes coloniales, le village revêt un aspect moins salubre et moins riche. Au départ divisées en lots de terrains de taille identique, les parcelles sont destinées à recevoir les condamnés ou des « libérés » concessionnaires afin qu'ils y développent commerces et agriculture. Mais les concessions sont rapidement annexées par une population libre, créole et immigrée, qui y fait fructifier le commerce et fait le lien entre les placers d'or du haut Maroni, le centre urbain de Saint-Laurent-du-Maroni et le chef-lieu Cayenne. La modeste bourgade de Saint-Laurent-du-Maroni devient la deuxième ville de la région et attire une population venue de toute la zone caribéenne. L'idéal d'un centre pénitentiaire agricole s'éloigne aussi au profit du développement d'une économie libre. L'administration pénitentiaire et l'État vont devoir s'en accommoder et adapter leurs pratiques à l'échelle d'un territoire et d'une population qu'elle ne peut enfermer et concentrer dans des camps. Pour que l'institution continue d'assumer sa mission de contrôle des mœurs et des comportements, son emprise doit dès lors dépasser les lieux traditionnels de détention, sans pour autant faire obstacle au développement économique de la région. Alors que l'or draine de nouvelles populations vers le bassin du Maroni, le territoire pénitentiaire doit s'ouvrir sur l'extérieur si la France veut bénéficier des gains de l'industrie aurifère. En 1904, alors que plusieurs commerçants libres sont déjà installés dans le village, la question des cessions de terrains au domaine privé est tranchée [15] : des baux locatifs de longue durée entre la commune et les entrepreneurs privés sont signés, et le commerce local prend son essor autour de quelques familles de notables, commerçants et négociants.

Les quartiers qui composent la ville de Saint-Laurent-du-Maroni ont chacun une fonctionnalité précise. Pour favoriser l'entre soi, faciliter le contrôle policier et surtout pour contenir la population pénale suspectée de gangrener le corps social, les populations sont spatialement compartimentées. Au « village », l'arrivée d'une population libre déplace les concessions de forçats à la périphérie sud. L'idéal de la colonisation par la voie pénale est évincé au profit de la ségrégation spatiale entre les composantes d'une population coloniale et carcérale hétérogène. Dans l'*hétérotopie* [16] que constitue la ville de Saint-Laurent-du-Maroni, isolée sur les rives du Maroni, sont construits des espaces spatialement distincts, investis par des populations socialement distinctes selon leur degré d'appartenance au monde du bagne.

15. ANOM H2081, correspondance entre le gouverneur de la Guyane et le ministère des Colonies.
16. Foucault M., *op. cit.*, p. 46.

Espaces émancipés d'un tout contrôlé

Certes, la ville est agencée selon un tout cohérent au vu d'une finalité visant à l'encadrement des populations, mais des espaces échappent malgré tout à la tutelle institutionnelle. Outre les lieux traditionnels de convivialité et de socialisation ordinaires – tels que la place du marché, les cabarets, les cinémas, ou la tenue d'étals – où les conversations ou les intimités s'émancipent parfois illégalement du contrôle administratif , un quartier entier se construit hors des prévisions actées par l'administration.

Même si rien n'atteste qu'il se soit constitué en opposition volontaire au contrôle de l'administration pénitentiaire sur l'organisation de l'espace, le village dit « annamite » ou « chinois » se détache très largement des directives étatiques. Occupées par les condamnés indochinois concessionnaires ou libérés, les quelques rues qui le composent témoignent d'une volonté ou d'une nécessité d'affranchissement d'une gestion oppressive des mouvements, des déplacements, des modes de vie [17]. Alors que les maisons de concessionnaires doivent répondre à un plan type, ici, les cases en bois se construisent sur pilotis, sur les rives du fleuve. Les voies qui le traversent ne sont pas géométriques et les petites ruelles sombres font face aux larges artères du village. Le village annamite se dote par ailleurs d'un appontement, privilège jusque-là réservé à l'administration pénitentiaire qui en implante deux dans le quartier officiel. Il s'ouvre ainsi sur le fleuve et constitue une porte vers le trafic et vers l'évasion que les autorités tentent avec difficulté de réprimer. Investi par les immigrés chinois venus de Canton et de Hong Kong dès la fin du XIXe siècle, ce quartier est la véritable plate-forme d'échange du Maroni [18].

Marché noir, population mobile d'errants et de voyageurs de commerce : autant de circulations marchandes et humaines que l'administration pénitentiaire ne cesse de vouloir combattre [19]. Mais, au vu de son développement, il existe un intérêt à conserver le village chinois. D'autant plus qu'il est défendu par une population qui échappe au contrôle de l'institution. Les marrons dits « boschs » [20] fournissent les canotiers qui assurent le transport des biens et des personnes sur le Maroni, et trouvent au village chinois un point de chute et de déchargement [21]. Avec la construction d'un hôpital pénitentiaire au début du XXe siècle, le village chinois est repoussé vers le sud de la ville, coincé entre le

17. Plans généraux de Saint Laurent du Maroni, 1895 et 1899 (ANOM 1TP 467), 1913 (ANOM 1TP465), 1926 (A.C.).
18. A.C. série 2I Passeports.
19. A.C. Série 2D, correspondances du maire.
20. L'appellation « boschs » est une abréviation déformée du mot « *boshneger* », utilisé en Guyane hollandaise pour les « nègres des bois ». Elle est péjorativement employée pour qualifier l'ensemble des peuples issus des anciens esclaves travaillant dans les exploitations de Guyane hollandaise partis en marronnage.
21. A.C., 2D, B2, correspondances du maire, 1912. Face à la volonté de l'administration de rendre illégal le commerce à l'appontement du village chinois, les canotiers « boschs » font savoir qu'ils ne fourniront plus la rive française du fleuve si la décision devait être maintenue.

quartier carcéral et une zone marécageuse inexploitable [22]. Sa superficie est réduite à trois rues et quelques ruelles, des lots de terrains y sont délimités sur les parcelles, un poste de douane y est installé de jour, des rondes de policiers sont prévues quotidiennement et le contrôle des patentes et des patentés se fait plus régulier.

Ce quartier matérialise une réappropriation libre de l'espace dans la ville du bagne. S'adaptant aux tentatives de contrôle administratif, sa population a su dépasser l'agencement spatial du reste du village, auquel il n'est d'ailleurs pas associé par l'administration [23]. Il est le fruit d'une véritable *adaptation secondaire* [24] territorialisée, expression impulsive et spontanée d'une population partout ailleurs canalisée. Fenêtre d'ouverture entre le haut et le bas Maroni, espace de liberté où se croisent monde pénal et monde libre, le village chinois parvient à jouer le rôle de soupape au sein d'une entité territoriale cohérente et hiérarchisée, chapeautée par un appareil administratif d'exception.

L'organisation de la *carcéralisation*

La création et la construction de la ville sont essentiellement les fruits d'ordres administratifs parfois dépassés par la formation d'espaces spontanément alternatifs. Penser la fabrication ordinaire de la ville, d'après l'approche développée par Isabelle Backouche et Nathalie Montel, permet de rendre compte de la diversité des acteurs qui participent au façonnement du tissu urbain [25]. Pour autant, si leurs travaux tendent à « rompre avec une vision exclusivement institutionnelle de la construction de la ville [26] », nous ne pouvons ici faire l'impasse sur le poids de l'institution dans la constitution de la ville de Saint-Laurent-du-Maroni. Ce sont les inévitables ajustements des volontés administratives face aux développements inattendus de la ville que nous voulons mettre en évidence. Pour adapter ses pratiques pénitentiaires à l'échelle de la ville, l'administration est dotée d'un dispositif législatif hors norme, qui légalise son autorité sur la population libre de Saint-Laurent-du-Maroni.

22. ANOM, 1TP 1129.
23. En 1926, pour des questions sanitaires posées par un parc à cochons que l'administration veut interdire, les frontières de la ville sont modifiées pour enfin y inclure l'ensemble du village annamite (A.C. 2D. B11).
24. « Toute disposition habituelle permettant à l'individu d'utiliser des moyens défendus, ou de parvenir à des fins illicites (ou les deux à la fois) et de tourner ainsi les prétentions de l'organisation relative à ce qu'il devrait faire ou recevoir, et partant à ce qu'il devrait être », Goffman E., *op. cit.*, p. 245.
25. « Questionner la fabrique de la ville c'est [...] examiner plus attentivement non pas la ville faite ou à faire mais la ville en train de se faire [...]. Parmi les effets attendus d'une telle approche figure en bonne place la mise au jour de la multitude et de la diversité des acteurs privés impliqués [...]. », Backouche I. et Montel N., *op. cit.*, pp. 5-6.
26. *Ibid.*, p. 5.

La carcéralisation *du camp à la ville*

Le poids que prend l'administration pénitentiaire dans la définition des structures sociales de la ville de Saint-Laurent-du-Maroni est intrinsèquement lié aux outils de totalisation de la vie publique que lui confère l'État. Par un décret daté du 16 mars 1880, la ville se voit dotée d'un statut municipal unique dans l'histoire législative française : elle devient la « commune pénitentiaire du Maroni ». Ce petit bourg, déjà sous l'emprise de l'institution carcérale, devient son terrain d'expérimentation. Siège de l'administration pénitentiaire, la municipalité est dorénavant gérée par une commission dont les membres sont nommés par le gouverneur sur proposition du directeur de l'administration pénitentiaire. Le président de cet organe administratif cumule par ailleurs jusqu'en 1929 les fonctions de commandant supérieur du Maroni – c'est-à-dire du camp central de Saint-Laurent et des camps annexes qui jalonnent le territoire pénitentiaire – et de sous-directeur de l'administration pénitentiaire [27]. À l'heure du suffrage universel masculin, des échéances électorales comme moyen de construction d'un État-nation cohérent fondé sur une population instruite et coordonnée par l'école de la République, l'État accorde un régime d'exception à l'administration pénitentiaire en territoire colonial.

Liée de près au sort de la « Tentiaire » [28], la commune se dote d'une réglementation locale très rigoureuse, par laquelle toutes les manifestations ou initiatives, publiques ou privées, doivent lui être soumises pour consentement préalable – ouvertures de commerces, bals publics ou soirées privées, etc. Son contrôle s'étend au-delà de la gestion des condamnés et s'applique désormais sur un ensemble d'*administrés*. Même le rythme des journées de la population libre est régulé, soit par des biais conventionnels – rythmes scolaire, paroissial, etc. – soit par une réglementation stricte encadrant les initiatives privées ou associatives. Tout événement, du rassemblement en l'honneur des anciens combattants à la soirée privée entre notables locaux, doit se dérouler entre les horaires fixés par l'administration.

Par ailleurs, l'institution pénitentiaire est la seule structure économique importante de la région. Elle se dote de moyens pour remplir sa mission : faire travailler les individus dont elle a directement la charge, condamnés en cours de peine et libérés astreints à résidence. Elle est donc propriétaire de plusieurs briqueteries pour les travaux de construction et de rénovation de la ville, une usine à sucre pour la production du tafia ou encore divers chantiers forestiers itinérants pour l'exploitation des bois, des carrières et pour le défrichage de la forêt.

27. Organisation modifiée par décret de réorganisation des structures de l'administration pénitentiaire le 16 novembre 1929.
28. Surnom donné en Guyane à l'administration pénitentiaire.

L'emprise des autorités administratives à Saint-Laurent-du-Maroni s'étend au-delà des bagnards, pour recouvrir l'ensemble d'une population hétéroclite. Elle s'inscrit durablement sur un territoire, et tous les domaines de la vie sociale, publique et économique sont sous sa tutelle. Le « tout carcéral », la *carcéralisation* de la ville, a pour finalité d'assurer la pérennité du contrôle de l'administration pénitentiaire. « Saint-Laurent-du-Maroni est le royaume de l'administration pénitentiaire. C'est une royauté absolue, sans Sénat, sans Chambre, sans même un petit bout de conseil municipal [29] ».

Le tout carcéral : un tout contrôlé ?

Mais la totalisation tant spatiale qu'économique et sociale de Saint-Laurent-du-Maroni par l'institution carcérale n'est pas seulement le fruit d'une application législative rigide au niveau local. Les outils dont dispose l'administration pénitentiaire en Guyane lui sont octroyés par le pouvoir central. Ce processus de *carcéralisation* par l'administration pénitentiaire du territoire pénitentiaire du Maroni est surtout avalisé et souhaité par l'État.

Lorsqu'en 1923 s'ouvre, à la suite du populaire reportage d'Albert Londres dans les colonnes du *Petit Parisien*, une longue polémique sur l'échec patent de la colonisation par la voie pénale en Guyane, les acteurs cherchent des responsables. Car si la population et le territoire sont contrôlés, l'exploitation du sol guyanais par un « élément pénal » amendé n'est restée qu'un idéal colonialiste. Les structures économiques ne donnent que de médiocres résultats, le bilan humain est marqué par des taux de mortalité élevés sur l'ensemble de la période [30], et la misère économique et sociale s'est substituée à la rédemption des condamnés. Ainsi, polémistes, législateurs mais aussi quelques bagnards alphabétisés dont les langues se délient, accablent le personnel de l'administration pénitentiaire. La « Tentiaire régnante » [31] est la coupable idéale : elle avait les mains libres, elle avait des outils, elle avait du personnel, et elle a échoué. Force est de constater que la situation de la Guyane dans les années 1920 est loin de répondre aux souhaits apparents du législateur de 1854. La *carcéralisation* a devancé la colonisation. Mais cet état de fait, qui scandalise la presse pendant l'entre-deux-guerres, est bien connu des pouvoirs publics et politiques. Déjà dans les années 1860, à peine quelques années après la fondation du centre de Saint-Laurent-du-Maroni, le commandant du Maroni en charge de la gestion du chantier alarme ses supérieurs. Alors que le bourg devait « ouvrir aux transportés repentants, par la propriété et la famille

29. Londres A., *op. cit.*, p. 139.
30. Entre 1920 et 1945, les taux de mortalité des transportés oscillent entre 1,80 % en 1945 – alors que le décret mettant fin à la transportation des condamnés aux travaux forcés date de 1938 – et 13,54 % en 1923 (Donet-Vincent D., *op. cit.*, p. 532). Le taux moyen de mortalité des transportés entre 1920 et 1945 s'élève à 5,05 % mais notons que ce chiffre ne tient pas compte des grandes disparités entre les années.
31. Expression de Mesclon A., *Comment j'ai subi quinze ans de bagne*, Paris, Edité par l'auteur, 1924, p. 226.

acquises par le travail, un lieu de repos et de réhabilitation », il constate quelques années plus tard que « si la transportation quittait aujourd'hui la Guyane, il ne resterait pas trace, une année après, de son passage dans le pays [32] ». De 1895 à 1923, les inspecteurs des colonies dressent des rapports souvent accablants sur la gestion de la ville et de la transportation par l'administration pénitentiaire [33]. Les finalités des bagnes coloniaux n'ont rapidement plus trait qu'à l'expiation et à la mise à l'écart des *incorrigés* de l'arsenal judiciaire conventionnel.

En lui allouant des outils législatifs sans précédent, en lui attribuant un territoire isolé entre l'eau et la forêt, accessible uniquement par voie fluviale, l'État érige l'administration pénitentiaire en autorité exclusive, à peine contrebalancée par les pouvoirs civils du gouverneur de la colonie, constituant un véritable État dans l'État. Opportunément dotée d'un tel dispositif au moment où se développent les placers d'or sur le haut Maroni, l'administration pénitentiaire, à laquelle s'adjoint l'administration communale, peut étendre son emprise au-delà des murs du camp, sur une population libre composée de commerçants, d'artisans, de chercheurs d'or, d'exploiteurs de la gomme de l'arbre balata, etc.

Contourner le carcéral

En face d'un appareil législatif renforcé, populations pénale et libre se cherchent des refuges et développent des moyens de contourner ce qui se veut incontournable.

Enfermés la nuit et aux heures de pause, les condamnés en cours de peine trouvent paradoxalement un refuge dans leur case du camp. C'est dans la case que se cachent les couteaux, que se remplissent les *plans* [34], que se règlent les comptes et que les affinités se créent ; là où le jeu, la « cantine » et la prochaine évasion s'organisent. Antoine Mesclon écrit en pensant à sa dernière nuit au camp : « Je venais de compter ; ils étaient cinquante-sept avec moi dans cette case, et à les voir tous pareils, dans la diversité des positions du sommeil qui les délivrait pour quelques heures de leurs misères, je sentais le regret de les trop quitter d'un seul coup [35] ». Bien qu'elle soit un espace de méfiance et de défiance entre individualités, le forçat s'attache à sa case ; elle est son lieu de vie familier, qui échappe entre les rondes aux regards intrusifs des surveillants militaires. « Au-dehors de la case, il [le bagnard] sent qu'il est sous le joug, qu'il accomplit sa peine. Dans la case au contraire, il a le sentiment d'être chez lui, d'être libéré de ses obligations envers la Tentiaire et la société [36] ». Dans la

32. Cité par Pierre M., *op. cit.*, pp. 27-32.
33. ANOM, 1TP467, H2023, 1TP977, 1TP1019, H65, H1856.
34. Le plan est un étui cylindrique dissimulé dans le rectum qui permet aux condamnés de cacher quelques-uns de leurs effets personnels.
35. Mesclon A., *op. cit.*, p. 233.
36. Roussenq P., *L'Enfer du bagne*, Paris, Libertalia, 2009 [1957], p. 61.

pratique, la discipline théorique des règlements ne peut pas être appliquée et les passe-droits que s'accordent les condamnés au camp témoignent aussi d'une forme d'*adaptation secondaire* des surveillants à l'exercice de leur profession. Des codes sociaux propres se constituent selon les attentes sociales de la case, et définissent la perception d'un condamné sur ses pairs.

> « En réalité, il y a uniformité de pensée et d'action. Séparés à jamais du reste de l'existence, les bagnards organisent leur vie de parias, sur le plan matériel aussi bien que sous l'angle moral [...] Il faut noter également que le bagne a ses propres lois, son esprit de corps, ses mœurs et ses coutumes ainsi que son opinion publique [...] Les forçats entendent conserver les tolérances qu'ils sont parvenus à obtenir, les latitudes acquises [37]. »

La « débrouille » ou « camelote » est une de ces tolérances que les condamnés et les surveillants militaires entendent préserver. « Celui qui ne se débrouille pas est un imbécile [38] ». Principale *adaptation* à un système en théorie verrouillé, la débrouille comporte sa part d'incertitude et de violence, elle répond aux codes sociaux du bagne et ne se reconnaît pas dans les principes règlementaires de l'institution. Sorte de marché noir du troc dans et hors les murs du camp, la débrouille, inégalitaire par essence, n'est que très modérément combattue par l'administration pénitentiaire. « Cette dernière, au courant de toutes ces tractations, de tous ces trafics, est dans l'obligation de laisser faire. Ses agents en bénéficient d'ailleurs largement [39] ». La camelote est aussi un lien entre l'intérieur et l'extérieur du camp, et ce sont les surveillants militaires, les canotiers ou les libérés qui sont les passeurs et les commissionnaires [40]. « L'emploi de cuisinier au camp de Saint-Laurent rapporte plus de cent francs par jour. Non pas qu'il soit payé, mais la vente des vivres volés sur les rations, avec l'aide de différents complices qui ne sont pas tous des forçats, rapporte plus qu'un salaire [...] [41] ». Albert Ubaud, fonctionnaire de l'administration pénitentiaire qui s'installe en Guyane de 1926 à 1943, témoigne des liens entre l'intérieur et l'extérieur du camp, entre les forçats et une partie de la population locale, « n'hésitant pas à aider les forçats contre les règlements de l'administration pénitentiaire, parfois par simple charité humaine, parfois par intéressement matériel [42] ». Entre 1929 et 1931, des correspondances entre le desservant ecclésiastique de Saint-Laurent-du-Maroni et le directeur de l'administration pénitentiaire trahissent ces liens d'entraide et de solidarité ; le père Naegel sert d'intermédiaire entre les condamnés et leurs contacts restés en France [43].

---

37. *Ibid.*, p. 57.
38. *Ibid.*, p. 73.
39. *Ibid.*, p. 74.
40. *Ibid.*, p. 73.
41. Dieudonné E., *La Vie des forçats*, Paris, Libertalia, 2007 [1930], pp. 58-59.
42. Donet-Vincent D., *op. cit.*, p. 435.
43. A. C. Presbytère.

Les *adaptations secondaires* des condamnés face aux rigueurs de la vie au camp sont multiples : la débrouille, le *plan*, la simulation de maladies ou plus simplement le zèle sont autant de moyens d'améliorer illégalement le quotidien et de préparer les évasions. En dehors des murs, si l'administration pénitentiaire tend officiellement à un contrôle total des espaces ou des rythmes, les populations pénale et libre parviennent à manifester, même modérément, leur rejet de l'emprise administrative. Toutes ces voies empruntées pour contourner le système-bagne sont aussi autant de biais à la ségrégation spatiale et sociale mise en place par l'institution.

Socialisation et carcéralisation

Nous avons montré que le processus par lequel l'agencement spatial de la ville de Saint-Laurent-du-Maroni et son fonctionnement organisationnel répondent à des logiques carcérales, elles-mêmes investies par l'institution du bagne dominée par l'administration pénitentiaire. Malgré la constitution de brèches par lesquelles les populations pénale et libre tendent, sinon à s'émanciper du contrôle pénitentiaire, du moins à le contourner à différentes échelles, la capitale du bagne évolue en vue de sa *carcéralisation*, de la volonté du contrôle total de l'institution carcérale sur son territoire. Ces dynamiques *carcéralisées* ne sont pas sans incidence sur les processus de socialisation [44] des habitants, que nous pourrions aussi nommer *carcéralisation* des rapports sociaux. De 1857 aux années 1950 – la ville devient une commune de plein exercice en 1949 – le bagne a fondamentalement marqué les populations du Maroni.

Le stigmate du popote

Alors que les termes de la loi définissent les condamnés comme des *transportés*, le vocabulaire usité est moins conventionnel, plus largement marqué par les héritages culturels des bagnes portuaires et des galères royales. En sus de l'évolution historique des termes, tel que le passage « d'aspirants colons » à « concessionnaires pénaux », les appellations usuelles sont révélatrices des considérations sociales portées à leurs destinataires. « Bagnards », « forçats », « popotes », « vieux blancs » auxquels répondent « argousins » et « gardes-chiourme », sont des désignations encore largement usitées. Le bagne est en soi stigmatisant [45]. Les marquages du bagne se portent sur la population pénale mais aussi sur les habitants libres.

L'identification matriculaire des condamnés en fait des bagnards, dès la citadelle de Saint-Martin-de-Ré, d'où partent les convois. Imprimé sur les vareuses, souvent – et volontairement – tatoué sur les corps, le numéro de

44. Bourdieu P., *Le Sens commun*, Paris, Éditions de Minuit, 1989.
45. Goffman E., *Stigmate : les usages sociaux du handicap*, Paris, Éditions de Minuit, 1889.

matricule est, en cours de peine, la seule donnée stable durant les années, parfois les décennies, dans les divers camps qui jalonnent le parcours des condamnés. Les numéros de matricule marquent les grandes étapes de la *carrière* [46] du transporté. Le matricule change lorsque le condamné est libéré et astreint à résidence puis une fois sa peine de doublage effectuée lorsqu'il est autorisé à sortir de la colonie. L'ensemble des matriculés forme « l'élément pénal » de la population saint-laurentaine. En opposition se définit « l'élément libre » : la possibilité d'une non-appartenance totale de l'individu à l'administration pénitentiaire devient critère de distinction sociale.

Les patronymes des condamnés, *a fortiori* ceux des condamnés coloniaux, transportés depuis l'Indochine ou l'Algérie notamment, sont régulièrement écorchés dans les papiers administratifs ; seuls les matricules restent intacts. La correspondance du maire de la ville regorge de lettres de réclamations émanant de transportés libérés signant de leur matricule. Parfois même, les ressortissants libres font état de ce statut, témoignant d'une intériorisation collective des différences de traitement et d'évaluation des requêtes portées auprès des autorités [47]. La totalisation institutionnalisée du caractère carcéral de la ville, sa *carcéralisation*, organise aussi les bases des interactions sociales, dans une bourgade où chacun connaît le positionnement social de son vis-à-vis, autour d'une dichotomie fondatrice entre population libre et population « d'origine pénale ».

L'exemple le plus significatif est celui des fêtes de village. Ces cérémonies sont ordinairement des temps déterminants dans la construction collective des attentes sociales. Jeux, festivités, concours sont des moments d'interactivité et de convivialité conçus pour développer et entretenir la cohérence sociale. À Saint-Laurent-du-Maroni, les diverses activités prévues à ces occasions sont différenciées pour diviser la population selon un statut social *carcéralisé*. Ainsi le 14 juillet 1934, « l'élément libre » et « l'élément pénal » se déplacent respectivement à l'appontement administratif et à l'appontement communal, distants de quelques centaines de mètres, à 17h30, pour participer à un concours de pêche [48]. « Dans une commune où les deux populations vivent côte à côte, des cloisons étanches sont nécessaires [49] ».

La préoccupation centrale d'une administration pénitentiaire surreprésentée dans un territoire sur lequel elle a toute autorité ne traduit pas ici la cohérence sociale entre ses administrés mais bien plus le passage de l'institutionnalisation d'une distinction statutaire *carcéralisée* à sa mise en pratique dans les

---

46. La notion de carrière – d'autant plus qu'il s'agit bien ici de déviants, condamnés à la marginalisation géographique et sociale – est empruntée à Becker H., *Outsiders : étude de sociologie de la déviance*, Paris, Métaillé, 1995.
47. A.C. série 2D.
48. A.C., 2I, programme de la fête nationale du 14 juillet 1934.
49. A.C., 2D B11, lettre du 23 novembre 1922 du maire au directeur de l'administration pénitentiaire.

relations sociales. La vocation fondamentalement pénitentiaire de Saint-Laurent-du-Maroni s'ancre dans les rapports sociaux et donne un caractère *carcéralisé* aux processus de socialisation des habitants, libres ou condamnés.

Entre "carcéralisation" et colonisation

Le 14 juillet 1934 à 9h, sont également conviées distinctement les populations « bosch », « indienne » et « pénale » en vue de participer à des courses de pirogues. Trois catégories forgées par l'administration pour trois équipes constituées par l'administration. Les clivages raciaux issus des préceptes du colonialisme restent constitutifs des réseaux sociaux et économiques de Saint-Laurent-du-Maroni, la capitale du bagne colonial en Guyane.

Avec la découverte de l'or dans les années 1880, le bourg devient le centre économique du bassin du Maroni et le point de contact entre les hauteurs du fleuve et le reste de la Guyane. Les populations créoles de toute la région caribéenne et les colons de Cayenne investissent les rues du village et briguent les débouchés commerciaux comme les postes administratifs. Une population libre hétérogène – créole, marronne, chinoise, européenne – peuple la ville dès la fin du XIXe siècle. L'administration pénitentiaire doit, elle aussi, s'adapter. La faiblesse du nombre de colons durablement établis en Guyane et les métissages avec les populations noires émancipées du joug esclavagiste depuis 1848 permettent à une élite créole de se constituer. En face, l'introduction d'un élément pénal, en partie européen, stigmatisé et infériorisé, va participer aux bouleversements des hiérarchies coloniales conventionnelles.

À l'intérieur des camps, l'administration pénitentiaire joue sur les tensions raciales entre les condamnés afin d'entretenir les divisions qui favorisent le contrôle disciplinaire et coercitif. Les condamnés coloniaux embarqués au port d'Alger composent une grande partie de la population pénale en cours de peine [50]. Leur origine devient au camp un facteur de favoritisme quant au choix des « porte-clefs », ces postes d'aide-surveillants valorisés dans la hiérarchie du travail interne au dispositif carcéral. De colonisés, ces individus deviennent, en fonction de leur degré de soumission à la discipline pénitentiaire, les contremaîtres de leurs codétenus européens. Même s'ils sont transportés au nom de la colonisation pénale, ces derniers ne peuvent prétendre devenir de véritables colons, socialement reconnus comme tels.

Ces tensions vont au-delà des conflits entre condamnés. Face aux nouveaux notables et administrateurs « de couleur », les condamnés autant que les surveillants militaires sont défaits. Un courrier du condamné D., matricule 45 060, dénonce le commandant du pénitencier Masse comme étant un « sac à

50. ANOM, H1856, rapport de la mission Muller, 1923-1924 : les « Arabes » sont « le[s] plus docile[s] et le[s] plus travailleur[s] » et représentent un tiers des condamnés en cours de peine.

charbon représentant une race déchue et subjuguée, fonctionnaire véreux, voleur et cameloteur [51] ». Le transporté Antoine Mesclon porte un regard moins insultant que beaucoup d'autres sur ces transformations sociales, mais son discours reste porteur des fondements de la domination européenne :

> « Je considèrerais d'autre part l'admission comme fonctionnaires pénitentiaires d'hommes de couleur comme une erreur [...]. Les éléments créoles ne devaient être chargés d'une telle tâche pour laquelle rien dans leur hérédité, rien dans leurs aptitudes particulières ne les préparait. Comment en effet des hommes sortis de milieux si différents de nos milieux ruraux et urbains, urbains surtout, qui fournissent la plupart des condamnés du bagne, peuvent-ils pénétrer ces singulières, ces déconcertantes mentalités ? [...] Et du coup, ces fils d'esclaves de la veille devinrent les maîtres de ces blancs [...] C'est un fait indubitable que généralement, les surveillants, à peu près tous d'origine métropolitaine, supportent très mal l'autorité que les administrateurs créoles ont sur eux, du fait de l'instruction que ces derniers ont pu acquérir et qui leur a permis d'accéder à ces emplois [52] ».

Car les surveillants militaires aussi sont porteurs d'un matricule et, s'ils sont dominants dans le processus de *carcéralisation* de la ville, ils restent soumis à une discipline militaire qui les situe en bas de la hiérarchie sociale. Les frontières floues du carcéral et du colonial viennent brouiller les repères sociaux de domination usuelle.

L'administration pénitentiaire est érigée, par l'intermédiaire d'un dispositif spatial et d'outils législatifs singuliers, en une institution totale, telle que le sociologue Erving Goffman en a défini le concept. Elle est capable de créer et de pérenniser des ruptures nettes entre différentes composantes de population, de distribuer des rôles déterminés et hiérarchisés, et de s'assurer de leur maintien. La mainmise totale de l'institution sur son territoire lui octroie une marge de manœuvre inédite pour étendre sa doctrine au-delà du corps des condamnés. Le processus de *carcéralisation* de la ville s'appuie sur des outils législatifs inédits et sur une construction de la ville favorisant le contrôle de populations ségréguées en fonction d'un statut social *carcéralisé* et *racialisé* [53]. Le bagne colonial durablement implanté sur un territoire isolé influence les processus sociaux par lesquels les habitants se socialisent et définissent leur position sociale.

51. Cité par Donet-Vincent D., *op. cit.*, p. 437.
52. Mesclon A., *op. cit.*, p. 94.
53. Nous comprenons la « racialisation » des rapports sociaux comme « un processus par lequel une société se représente, de façon plus ou moins décisive, comme constituée de groupes raciaux, de races en concurrence et en opposition » (Wieviorka M., « Racisme, racialisation et ethnicisation en France : cités, diversité, disparités : quelques mécanismes de ségrégation », *Hommes et migrations*, n°1195, 1996, pp. 27-33).

Mais l'institution ne peut que prétendre étanchéifier les frontières catégorielles qu'elle tient à faire valoir sur un territoire qui dépasse de loin son terrain habituel. La *carcéralisation* des espaces sociaux est certes effective et intériorisée par les différents acteurs. Les liens d'entraide et de solidarité entre libérés du bagne en sont sans doute l'expression la plus évidente. Les baux pour occuper des parcelles de terre se transfèrent entre condamnés, les amitiés du bagne se prolongent hors du camp comme les solidarités « raciales » des condamnés arabes et indochinois notamment. Mais une fois libérés, les condamnés tentent d'adjoindre à leurs contacts liés au monde pénal, sorte de réseau carcéral, de nouveaux liens avec le monde libre et de constituer ainsi un réseau social.

La porosité des frontières catégorielles construites par l'institution relève de la nécessité sociale et économique pour la population de Saint-Laurent-du-Maroni. Monde pénal et monde libre se composent respectivement d'une multitude de situations, si bien que des relations concurrentielles, de solidarité, ou de simples contacts liés aux nécessités sociales et économiques sont constants : les uns servent de prête-nom aux autres pour obtenir le droit d'ouvrir un commerce ou un débit de boissons, d'autres trouvent des emplois de mineurs dans les hauteurs du Maroni et y partagent la vie d'une population immigrée de toute la région caribéenne, etc. Concubinages, mariages, partage usuel d'un lieu d'habitation ou d'un commerce sont autant d'expressions de la malléabilité du stigmate *carcéralisé* des forçats. Dans les papiers administratifs et les bulletins de police, on déplore les « mauvaises fréquentations » des femmes qui partagent leur vie avec un libéré et on associe volontiers une partie de ce monde libre au monde vilipendé des anciens forçats [54]. En revanche, là où l'objectif de la rédemption et de la transformation des condamnés en colons aboutit, l'administration pénitentiaire ne parvient pas à en faire une réussite. Par exemple, deux commerçants de Saint-Laurent-du-Maroni tiennent une grande mercerie en 1915. Les deux hommes réclament d'être conviés aux bals publics organisés sur invitation à la mairie, au titre de leur importante participation à la vie économique locale, aux côtés des acteurs libres. Mais leur participation aux festivités est exclue, notamment par les surveillants militaires, maîtres des bagnards en cours de peine, qui rejettent le rapport égalitaire. Les notables locaux, en revanche, « ne voyai[en]t pas d'inconvénients à l'admission des réhabilités aux fêtes publiques [55] ». Le bagnard s'échappe de sa condi-

54. A.C. 2D B11, lettre du maire de Saint-Laurent-du-Maroni au directeur de l'administration pénitentiaire, 1922 : « […] Enfin, sans vouloir diminuer la moralité de Hortense V […], il existe au point de vue subjectif une certaine capacité diminutive du fait par elle d'avoir consenti à épouser un individu d'origine pénale ».

55. A.C., 2D B2, lettre du maire de Saint-Laurent-du-Maroni au directeur de l'administration pénitentiaire, 1915 : « […] En résumé les sieurs P […] et L […] semblent vouloir aller trop vite, avec de la patience et du temps ils arriveraient mieux à combler l'abysse qui les séparaient il y a peu de temps encore du personnel libre de l'administration pénitentiaire ».

tion carcérale, nouant des liens, développant des initiatives, s'exilant parfois au-delà des frontières géographiques de la ville, mais il reste un bagnard.

Malgré l'existence de passerelles pour s'émanciper du « tout carcéral », la hiérarchie *carcéralisée* reste déterminante dans la structure des rapports sociaux dans un espace où les fondements territoriaux, législatifs et sociaux répondent aux besoins de l'implantation du bagne.

L'idéologie carcérale portée par l'administration pénitentiaire en Guyane au cours de la seconde moitié du XIXe siècle et de la première moitié du XXe siècle se transforme et s'adapte au cadre territorial de la ville. L'administration pénitentiaire exerce son emprise en dehors d'un espace physiquement clos et étend son joug en faisant vivre ses propres *coupures* catégorielles, que décrypte Robert Castel [56], au-delà du cadre conventionnel de son action. À l'échelle d'une ville coloniale, les réalités locales sont autant liées au caractère pénal de la colonisation qu'au caractère colonial de la transportation. Mais le carcéral prend le pas sur le colonial. Les frontières entre monde libre et monde pénal sont effectives et structurantes sans pour autant se révéler exclusives. En découle une hiérarchie sociale qui, en terre coloniale, est bouleversée par l'introduction d'un « élément pénal » hétérogène mais toujours infériorisé. Entre monde libre et monde pénal, entre ouverture et fermeture, entre rigidité catégorielle et porosités interactionnelles, une ville érigée capitale du bagne constitue un terrain d'observation singulier pour saisir les moyens et les finalités d'un État coercitif sur ses *administrés*, ses *parias*, ses *colonisés*. La *carcéralisation* n'est donc pas la simple résultante de la politique de colonisation pénale, mais bien un processus par lequel les pratiques du carcéral se détachent et dominent l'idéal colonialiste.

Ce terrain singulier répond pour autant à des logiques plus générales. L'administration pénitentiaire use des mécanismes réglementaires et autoritaires communs aux *institutions totales* décrites par E. Goffman. En réaction, face à toute restriction de liberté, se compose un *corpus*, un *habitus* corporel, comportemental, langagier, ainsi que des stratégies échappatoires, spatiales et sociales ; autant d'expressions concrètes de l'intériorisation mais aussi de la manipulation de valeurs et de ruptures, à l'origine véhiculées par l'idéologie carcérale qui ordonne et organise la ville.

56. Castel R., in Goffman E., *op. cit.*, p. 14.

Aux frontières des prisons : les familles de détenus

Caroline TOURAUT

Caroline Touraut est actuellement en contrat postdoctoral à l'Institut national d'études démographiques (INED) et membre du Centre Max Weber (UMR 5283). Outre sa thèse de sociologie consacrée aux familles de détenus, elle a participé à des recherches portant sur l'incarcération des mineurs, la religion en prison ou la conception et la réception d'une activité culturelle en établissement pour longue peine. En 2012, elle a publié La Famille à l'épreuve de la prison, *aux Presses universitaires de France.*

Loin de ne concerner que les détenus, l'incarcération s'impose inexorablement à leur entourage. Face à la honte souvent éprouvée, à l'acte commis, à la longueur de la condamnation, aux contraintes qui pèsent sur eux, les proches de détenus rompent parfois le lien avec celui qui est incarcéré. En effet, les personnes détenues ont souvent peu de contact avec leurs parents et leurs enfants [1]. Leur vie conjugale avant la détention est tumultueuse et l'incarcération provoque de nouvelles séparations [2]. Néanmoins, l'incarcération ne marque pas toujours la fin des histoires conjugales et familiales. Pendant la détention, des liens résistent, se cimentent, se retissent ou naissent parfois. Les personnes qui ne rompent pas la relation avec leur proche détenu éprouvent une situation sociale particulière que nous avons désignée par les termes d'*expérience carcérale élargie* [3]. En effet, l'incarcération génère de nombreux coûts pour l'entourage des détenus, les épreuves vécues s'apparentant à une véritable peine sociale qui est longtemps restée à l'ombre des analyses sociologiques.

Après avoir longtemps appréhendé la prison comme un espace clos [4], les recherches sur l'univers carcéral ont progressivement mis au jour les contacts entre l'intérieur et l'extérieur des établissements pénitentiaires. Ainsi, Philippe

1. Cassan F. (ed.), *L'Histoire familiale des hommes détenus*, *Synthèses INSEE*, n°59, 2002.
2. Cassan F., Longe F., « Les détenus ont connu des vies de couple précoces et instables » in *ibid.*, p. 43.
3. Touraut C., *La Famille à l'épreuve de la prison*, Paris, PUF, 2012.
4. Clemmer D., *The prison community*, New York, Holt, Rinehart et Winston, 1958 [1940].

Combessie analyse l'influence réciproque entre les prisons et leur environnement géographique [5] et Gilles Chantraine [6] déplace sensiblement le regard en rendant compte de la porosité entre le dedans et le dehors du point de vue du parcours des détenus. L'analyse de l'expérience des proches de détenus proposée ici se singularise en interrogeant plus spécifiquement l'empreinte de la prison sur ce qui lui est extérieur.

Jusqu'alors, les études consacrées aux familles de détenus ont essentiellement porté sur les effets de l'environnement familial sur la trajectoire délinquante [7]. En dehors de quelques études juridiques [8] qui rendent compte des modalités d'échanges entre un détenu et ses proches, des travaux, essentiellement d'ordre psychologique, analysent les effets de la détention sur la relation entre les personnes détenues et leurs enfants [9]. L'impact de l'emprisonnement sur les liens familiaux est également étudié dans quelques recherches statistiques [10]. Alors que des travaux ont été publiés aux États-Unis et en Angleterre [11], en France, de rares études exploratoires [12] portent plus spécifiquement sur la condition des proches de détenus dans une perspective sociologique. Le champ de recherche a véritablement été ouvert en France par Gwénola Ricordeau [13] qui étudie les conséquences multiples de l'incarcération sur les liens familiaux, et plus spécifiquement sur les relations conjugales. À

5. Combessie P., *Prisons des villes et des campagnes. Étude d'écologie sociale*, Paris, Les éditions de l'Atelier, 1996.
6. Chantraine G., *Par-delà les murs*, Paris, PUF, 2004.
7. Mucchielli L., « La place de la famille dans la genèse de la délinquance », *Regards sur l'actualité*, n°268, 2001, pp. 31-42.
8. Herzog-Evans M., *L'Intimité du détenu et de ses proches en droit comparé*, Paris, L'Harmattan, 2000 ; Kaminski D., « Droits des détenus et protection de la vie familiale », *Politiques sociales*, n°3-4, 2006, pp. 12-24.
9. Bastard B., Blanco M. F., Bourega A., *L'Enfant et son parent incarcéré*, Ramonville-Sainte-Agne, Érès, Fondation pour l'enfance, 2003 ; Hagan J., Dinovitzer R., "The collateral consequences of imprisonment for children, communities, and prisoners" in Tonry M., Petersilla (eds.), *Prisons*, Chicago, University of Chicago Press, 1999 ; Lafortune D., Barrette M., Brunelle N., « L'incarcération du père : expérience et besoins des familles », *Criminologie*, vol. 38, n°1, 2005, pp. 163-187 ; Le Camus J. (ed.), *Rester parents malgré la détention : les relais enfants-parents et le maintien des liens familiaux*, Ramonville Saint-Agne, Erès, 2002.
10. Désesquelles A., Kensey A., « Les détenus et leur famille : des liens presque toujours maintenus mais parfois très distendus », *Données sociales, La société française*, 2006, pp. 59-67 ; Le Quéau P. (ed.), *« L'autre peine ». Enquête exploratoire sur les conditions de vie des familles de détenus*, Paris, CREDOC, Cahier de recherche n°147, 2000.
11. Braman D., *Doing Time on the Outside: Incarceration and Family Life in Urban America*, Ann Arbor, University of Michigan Press, 2004 ; Carlson B.-E., Cervera N., *Inmates and their Wives*, Wesport, Greenwood Press, 1991 ; Comfort M., *Doing Time Together: Love and Family in the Shadow of the Prison*, Chicago, University of Chicago, Press, 2008 ; Grinstead O., Faigeles B., Bancroft C., Zack B., "The financial cost of maintaining relation-ships with incarcerated African-American men: a survey of women prison visitors", *Journal of African-American Men*, n°6, 2001, pp. 59-70 ; Mauer M., Chesney-Lind M. (eds.), *Invisible Punishment: The Collateral Consequences of Mass Imprisonment*, New York, The New Press, 2002 ; Patillo M., Weiman D., Western B., (eds.), *Imprisoning America: the social effects of mass incarceration*, New York, Russell Sage Foundation, 2004.
12. Bouchard G., *Vivre avec la prison. Des familles face à l'incarcération d'un proche*, Paris, L'Harmattan, 2007 ; Le Quéau P. (ed.), 2000, *op. cit.*
13. Ricordeau G., *Les détenus et leurs proches. Solidarités et sentiments à l'ombre des murs*, Paris, Autrement, 2008.

partir d'entretiens conduits majoritairement avec des détenus, elle met en évidence les configurations plurielles que peuvent prendre ces liens dans une telle situation. Les travaux de Megan Comfort [14] apportent aussi une contribution importante à ce champ d'investigation dont l'originalité est de témoigner autant de la « prisonisation secondaire » des proches que de leur aptitude à user de manière instrumentale de l'incarcération. En effet, selon l'auteur, l'institution carcérale constitue parfois une ressource pour des compagnes ou épouses face aux violences qu'elles peuvent subir de la part de leur partenaire. Dans la filiation de ce travail, nous étudions les effets préjudiciables de l'incarcération et analysons l'ambivalence du sens que l'épreuve peut revêtir pour les acteurs. Néanmoins, Megan Comfort limite son analyse aux relations conjugales et aux seules compagnes de détenus quand notre travail porte plus largement sur les proches de détenus entendus comme des personnes, apparentées ou non, qui partagent une relation d'intimité et d'entraide associée à une grande proximité affective [15]. Ainsi, l'analyse de l'*expérience carcérale élargie* rend compte des coûts de l'incarcération sur les proches de détenus et de leurs capacités plurielles à faire face à l'épreuve. Le déplacement du regard de l'intérieur des murs vers ce qui se joue pour les proches de détenus offre une perspective féconde et novatrice pour interroger autrement l'institution carcérale.

En effet, l'épreuve vécue par les proches à l'interface entre le dedans et le dehors conduit à repenser les frontières de ces lieux d'enfermement. La coupure que les institutions carcérales créent avec l'extérieur, par l'instauration de barrières plus ou moins étanches, en constitue l'un des éléments les plus structurants historiquement. L'isolement du détenu par rapport au monde extérieur permet à l'institution d'exercer sur lui une emprise forte [16]. Au-delà de la dichotomie classique entre institution close et institution poreuse, l'article questionne les *frontières subjectives* des prisons en observant comment elles agissent sur l'entourage des justiciables. Toute institution structurée par un principe de séparation possède des frontières physiques, visibles et des frontières subjectives. Moins perceptibles car non matérialisées, elles délimitent

14. Comfort M., 2008, *op. cit.* ; Comfort M., « "C'est plein de mecs bien en taule !" Incarcération de masse aux États-Unis et ambivalence des épouses », *Actes de la recherche en sciences sociales*, n°169, 2007, pp. 22-47.
15. C'est moins la qualité du lien, apparenté ou non apparenté, que la nature de la relation qui permet de distinguer les proches des non proches même si les proches sont souvent des parents. Plus qu'au concept de famille, c'est à celui de parentèle qu'il renvoie. Qu'il appartienne à une même famille ou non, *ego* et son/ses proche(s) se sont réciproquement choisis : « Un fonctionnement en parentèle est fondé sur la marge de choix et d'initiatives de l'individu. Les liens de parenté sont "optatifs" selon l'expression de J. D. Freeman. Partout, à tous les niveaux, mais de façon variable, ego est en mesure de faire des choix » in Déchaux J. H., « La parenté dans les sociétés occidentales modernes : un éclairage structural », *Recherches et prévisions*, n°72, 2003, p. 57.
16. Pour Donald Clemmer, les liens extérieurs atténuent le processus de « prisonniérisation ». De même, selon Erving Goffman, l'efficacité de l'institution « dépend partiellement du degré de rupture qu'elle provoque avec l'univers familier, virtuel ou réel, de ses membres », in Goffman E., *Asiles. Études sur la condition sociale des malades mentaux*, Paris, Éditions de Minuit, 1968 [1961].

son espace de souveraineté et le champ de son emprise sociale. Comment l'institution carcérale exerce-t-elle son pouvoir au-delà de ses murs ? Suivant quels processus agit-elle sur un « périmètre sensible péricarcéral» [17] qui l'encercle et la constitue ?

Les analyses reposent sur une enquête par entretiens réalisée en France auprès d'une soixantaine de proches de détenus [18] rencontrés devant des établissements pénitentiaires. Nous nous sommes rendue d'abord devant des maisons d'arrêts (MA) où sont incarcérés des détenus prévenus ou condamnés à de courtes peines (inférieures à un an selon le code de procédure pénal). Cette première collecte de données a été complétée par une enquête menée devant une maison centrale (MC), prison qui accueille des détenus condamnés à de longues peines allant jusqu'à la perpétuité. L'âge et le milieu social d'appartenance des enquêtés varient sensiblement, de même que la situation judiciaire de leur proche détenu (certains sont prévenus, d'autres condamnés ; certains à de courtes peines, d'autres à de longues peines). La population de l'enquête se caractérise néanmoins par le fait qu'elle est surtout composée de mères ou des compagnes de détenus (certaines ayant rencontré leur partenaire alors qu'il était déjà incarcéré). La forte prévalence de femmes s'explique d'abord par le fait que nous nous sommes rendue exclusivement devant des prisons pour hommes. Elle se comprend aussi au regard de l'histoire familiale des hommes détenus [19]. Enfin, elle rend compte de la distinction genrée des rôles familiaux.

Les entretiens se déroulaient rarement avant ou après un parloir tant les visites et les temps qui les entourent représentent des moments particuliers pour les proches [20] : avant, ils sont très soucieux de savoir quel est l'état physique et moral du détenu qu'ils visitent et ils ne cessent de se remémorer ce qu'ils doivent lui dire. À la fin du parloir, chacun tente de prolonger le moment qui vient d'être partagé en se tenant à l'écart d'autrui. Dans ces conditions, ils ne pouvaient être pleinement disponibles pour notre échange. Afin de limiter l'effet du cadre carcéral sur les discours, les entretiens ont été menés au domicile des proches, dans des cafés ou dans des jardins publics, et non aux abords des prisons.

Partant des récits des proches de détenus, nous mettrons en lumière les frontières subjectives des prisons au regard des conséquences de l'incarcération sur leur vie quotidienne. Nous verrons ensuite, à travers les modalités d'interaction entre les détenus et leurs proches, comment l'expérience carcérale s'élargit à ces derniers. Enfin, nous analyserons le processus de contagion

---

17. Combessie P., 1996, *op. cit.*
18. Nos démarches pour mener des entretiens avec des personnes ayant rompu le lien n'ont pas abouti.
19. INSEE, 2002, *op. cit.*
20. Touraut C., *La famille à l'épreuve de la prison*, *op. cit.* ; Ricordeau G., « Entre dedans et dehors : Les parloirs », *Politix*, vol. 25, n°97, 2012, pp. 101-123.

du stigmate carcéral, celui-ci se diffusant des détenus à leur entourage, qui fait l'objet de logiques d'exclusion.

Une vie accaparée par la prison

Dans les récits des proches de détenus, l'évocation d'un sentiment d'enfermement est très fréquente. Ces acteurs s'approprient l'expérience carcérale, transportant sur eux-mêmes ce qu'ils supposent être vécu par le détenu. La prison les envahit, elle est omniprésente.

> « Je ne pense qu'à ça, je ne vis qu'avec ça dans la tête, je m'endors en pensant à ça, je me réveille en pensant à lui, je ne pense qu'à la prison donc je ne vis que là-dedans, c'est terrible ». [Jeanne, 58 ans, mère d'un détenu écroué en MA, prévenu, 3e mois.]

> « Cela m'accompagne en permanence, la prison, la prison, tous ces mots tournent depuis cinq mois autour de moi, cela ne me lâche plus, la prison, la prison, la prison ». [Violaine, 25 ans, épouse d'un détenu écroué en MA, prévenu, 5e mois.]

Le sentiment d'enfermement exprimé, s'il n'est qu'une image, traduit d'une certaine manière l'impact de la prison sur la vie des proches.

« Ma vie avait vraiment basculé, tout aussi sûrement que si j'étais moi-même tombée en prison », écrit Duszka Maksymowicz [21], épouse d'un détenu. L'institution carcérale confronte notamment les proches à des difficultés financières importantes, fragilise leur santé et contraint leur temps.

Précarisation économique

En 1975, Michel Foucault écrit : « la prison fabrique indirectement des délinquants en faisant tomber dans la misère la famille du détenu » [22]. Aujourd'hui encore, le poids économique de l'enfermement sur l'entourage des détenus est considérable. Il résulte d'un « effet ciseau » qui « consiste, d'une part, en une perte de ressource et, d'autre part, en une augmentation des charges supportées par le ménage» [23]. Les coûts des déplacements pour se rendre au parloir constituent une charge financière importante, d'autant plus si l'établissement pénitentiaire est éloigné du domicile des proches. De ce point de vue, la politique actuelle de construction des nouvelles prisons en dehors des villes s'accompagne souvent pour les proches d'une augmentation du coût de leur déplacement, d'autant plus qu'à l'éloignement des établissements des zones urbaines s'ajoute souvent leur enclavement puisqu'ils ne sont pas tou-

21. Maksymowicz D., *Femme de parloir*, Paris, L'Esprit frappeur, 2000, p. 35.
22. Foucault M., *Surveiller et punir*, Paris, Gallimard, 1993 [1975].
23. Le Quéau P., 2000, *op. cit.*, p. 46.

jours desservis par des transports en commun aux heures des parloirs. En outre, le soutien financier au détenu via l'envoi de mandats est conséquent, le coût élevé des produits cantinables [24] en détention pesant directement sur les familles. Celles-ci peuvent aussi se charger de payer l'avocat et les amendes ou les dédommagements des victimes qui sont parfois assortis à la peine. Quand cela est nécessaire, les proches règlent aussi les factures impayées, les loyers en attente… Toutes ces dépenses s'imposent à des familles dont les revenus sont peu élevés. Les proches sont souvent d'origine modeste et ils sont confrontés à un taux de chômage plus important que le reste de la population active [25]. Ainsi, la prison, sanction pénale toujours privilégiée eu égard aux personnes défavorisées [26], tend à appauvrir les détenus et leurs familles.

Des corps abîmés

Les maux physiques exprimés par les proches illustrent d'une autre manière comment l'expérience carcérale s'étend aux familles des détenus. Au cœur de la prison moderne, la contrainte s'exerce sur les corps des détenus qui sont contenus [27] et dégradés [28]. Suivant d'autres modalités, la prison marque les corps des proches de détenus.

En effet, à la douleur de la séparation s'ajoute l'angoisse de savoir son proche détenu dans une institution dont les conditions de vie sont très austères et violentes.

> « La problématique des familles, elle est évidente : quand tu as un mari, un frère, une sœur, une mère incarcérée, la prison elle est là au quotidien. Donc c'est difficile, ouais c'est difficile parce qu'en prison, il peut tout arriver. Donc, c'est une angoisse, une inquiétude qui est là tout le temps ». [Lalie, 45 ans, épouse d'un détenu écroué en MC, 40 ans, 15e année, en couple depuis 7 ans.]

Les proches ne cessent d'imaginer la dureté du quotidien carcéral et peu d'informations sur ce qu'il se passe dans l'enceinte des prisons leur parviennent. Ils redoutent les agressions physiques entre détenus, les mauvais traitements que pourrait leur infliger le personnel de surveillance ou encore les violences que le détenu risque de s'imposer à lui-même. La santé des personnes incarcérées constitue une préoccupation constante, alimentée par la peur

24. Les détenus ne possèdent pas d'argent en détention. La cantine désigne le système de vente organisé par l'administration pénitentiaire permettant aux détenus d'acheter de la nourriture, des produits d'hygiène, des vêtements, des cigarettes… Or les produits y sont souvent vendus une fois et demi à deux fois plus chers qu'en commerces ordinaires.
25. Cassan F. (ed.), 2002, *op. cit.*
26. Aubusson de Cavarlay B., « Homme, peines et infractions : la légalité de l'inégalité », *L'année sociologique*, n°35, 1985.
27. Foucault M., 1993 [1975], *op. cit.*
28. Gonin D., *La santé incarcérée : médecine et condition de vie en détention*, Paris, Édition de l'Archipel, 1991.

d'une mauvaise qualité des soins en prison. Leurs inquiétudes sont renforcées par la crainte que l'administration pénitentiaire ne les tienne pas informés des maladies ou incidents que leur fils, mari, compagnon ou père, pourraient rencontrer durant leur détention.

> « Trois mois après le mariage il a fait un infarctus, quatre heures à le réanimer et moi je l'ai su une semaine après et c'est un détenu qui me l'a dit ! ». [Prune, 45 ans, épouse d'un détenu écroué en MC, 20 ans, 14e année, en couple depuis 3 ans.]

Par conséquent, du point de vue des proches, les prisons semblent hermétiques et impénétrables. Cette impression participe de leur peine sociale et accroît les angoisses des proches qui sont nombreux à connaître des troubles du sommeil. Particulièrement exacerbés dans les premières semaines qui suivent le placement en détention, ils persistent souvent au-delà.

> « Avant je ne pouvais plus dormir ou dès que je m'endormais, je me réveillais en sursaut et je l'imaginais dans son lit à la prison, j'avais cette image tout le temps, tout le temps ». [Corinne, 55 ans, mère d'un détenu écroué en MA, prévenu, 2e mois.]

La prise ou la perte excessive de poids et les problèmes de tension sont répandus. Tous ressentent une grande fatigue physique. Réussir à faire sans l'autre et faire pour l'autre, travailler, aller au parloir, s'occuper seul d'un ou plusieurs enfants, gérer le quotidien domestique (course, ménage, linge, etc.) usent les proches de détenus.

> « Et puis c'est la fatigue, moi j'ai l'impression que je cours tout le temps. [...] Je trouve que là mes épaules sont bien chargées et c'est vrai que là je commence à fatiguer, physiquement j'arrive un peu à saturation. Il y a un moment où je sens que je ne vais pas tenir, physiquement je me sens un peu à bout ». [Céline, 33 ans, épouse d'un détenu écroué en MA, prévenu, 3e mois.]

L'impuissance face aux procédures judiciaires génère par ailleurs une grande fatigue morale.

> « Moi, je crois que ce qui a le plus changé dans ma vie, ce sont toutes ces angoisses quand même. On se demande s'il va s'en sortir, on a l'impression d'être dans les griffes d'une machine infernale. C'est destructeur. Parfois, on ne se sent pas en forme, c'est comme un malaise mais on a du mal à définir et je crois que c'est aussi cette attente qui est fatigante en fait, c'est lancinant, on se fatigue ». [Christine, 59 ans, mère d'un détenu écroué en MA, prévenu, 18e mois.]

Parmi les proches rencontrés, beaucoup étaient affectés par des symptômes dépressifs et prenaient des médicaments, souvent des anxiolytiques. La prison accapare les proches et l'*expérience carcérale élargie* fragilise incontestablement leur santé.

Une vie suspendue, un temps contraint

L'impact de la prison sur la vie des proches se lit aussi dans la manière dont elle marque leur temps. C'est d'abord l'attente, temps propre à l'univers carcéral, qui ressort des récits. Avant le jugement, à l'instar des détenus, les proches décrivent un présent qui se prolonge car ils n'ont plus de perspectives d'avenir. Les proches sont rarement informés des avancées du dossier d'instruction au nom du respect de la procédure et du secret professionnel. Durant l'attente du procès, ils éprouvent une forte impuissance face à la procédure judiciaire en cours. Dans ces circonstances, le présent devient omniprésent, la vie ne peut dès lors se vivre qu'« au jour le jour ».

> « C'est comme si j'étais en prison avec lui, c'est pareil et même si je ne suis pas emmurée, pour moi c'est la même chose. Ma vie elle s'est arrêtée comme lui, tout s'arrête, aucun projet. Le fait de ne plus faire de projet c'est une vie qui s'arrête, vous ne pouvez pas savoir demain ce qui va se passer. J'ai le sentiment d'être punie moi aussi, de vivre l'incarcération pas au même niveau parce que je suis quand même dehors… Et puis, c'est la prison toujours dans la tête. J'ai l'impression de vivre l'incarcération au quotidien parce que ma vie elle s'est arrêtée comme la sienne ». [Cassandra, 48 ans, épouse d'un détenu écroué en MA, prévenu, 2e année.]

L'incertitude du temps de la peine fige les proches, comme les détenus, dans l'interminable étendue du présent. Quand la peine est fixée, l'horizon temporel s'axe essentiellement sur le futur. Parfois encore très lointaine, la sortie fait l'objet de nombreux fantasmes.

Sous emprise de la temporalité judiciaire, le temps des proches est également façonné par les contraintes carcérales. En maison d'arrêt, les visites pour les prévenus ont souvent lieu uniquement en semaine et les week-ends pour les condamnés. Les horaires fixes des visites rigidifient le temps quotidien des proches, les parloirs devenant le centre autour duquel sont pensées et organisées toutes les autres activités sociales. Confrontés à d'inextricables problèmes de conciliation de leurs temps, les acteurs aménagent leur quotidien suivant les rythmes de la prison.

> « Pour venir le voir, j'ai perdu mon travail. J'avais des problèmes avec mon patron car il me fallait deux à trois jours par semaine pour monter le voir. Comme les parloirs sont en semaine, je n'avais pas le

choix ». [Cassandra, 48 ans, épouse d'un détenu écroué en MA, prévenu, 2e année.]

Par ailleurs, les visites sont empreintes d'attente [29]. Avant chacune d'elle, un temps est nécessaire aux contrôles des visiteurs et un « temps mort » est imposé avant que les parloirs ne se libèrent. À la fin des visites, les proches attendent que l'ensemble des détenus soit fouillé à corps avant d'être autorisés à quitter l'établissement. De ce fait, un parloir d'une demi-heure en maison d'arrêt impose d'être présent dans l'établissement durant près d'une heure trente, sans compter le temps nécessaire pour se rendre à l'établissement. Cette attente est vécue par les proches comme un signe de l'emprise de l'administration pénitentiaire sur leur vie. En effet, « l'imposition d'une temporalité propre à l'institution [30] » marque le pouvoir qu'elle exerce à l'encontre de ceux qui y sont confrontés.

Faire face à l'institution carcérale

La politique de l'administration pénitentiaire à l'égard des liens familiaux participe ensuite du processus à travers lequel l'expérience carcérale s'étend au-delà des seules personnes recluses.

Une ouverture aux effets paradoxaux

Depuis plusieurs décennies, des réformes ont été adoptées pour favoriser le maintien des liens familiaux suivant le mouvement d'humanisation des prisons et de normalisation [31] du statut de détenu [32]. La France s'efforce ainsi d'adapter sa législation au nouveau référentiel juridique international et s'évertue d'appliquer les règles pénitentiaires européennes. Les réformes en la matière s'expliquent enfin par le lien positif affiché par l'administration pénitentiaire dans ces discours entre réinsertion et relations familiales.

Les proches de détenus ont la possibilité de correspondre avec les détenus par courriers. Depuis 1974, ces derniers ne sont plus limités quant à leur longueur et à leur fréquence. Leur censure est aujourd'hui moindre et leur contrôle aléatoire, même si les courriers sont systématiquement ouverts. Si les familles ne peuvent appeler leur proche incarcéré, la loi pénitentiaire de 2009 a étendu le droit de téléphoner à l'ensemble des détenus. En ce qui concerne les visites, les « parloirs libres », sans dispositif de séparation, ont été décrétés en

29. Ricordeau G., 2012, *op. cit.*
30. Dubois V., *La Vie au guichet. Relation administrative et traitement de la misère*, Paris, Economica, 1999.
31. De Schutter O., Kaminski D. (eds.), *L'Institution du droit pénitentiaire. Enjeux de la reconnaissance de droits aux détenus*, Paris, LGDJ/Bruylant, Bruxelles, 2002.
32. De Schutter O., Kaminski D. (eds.), 2002, *op. cit.* ; Rostaing C., « Processus de judiciarisation carcérale : le droit en prison, une ressource pour les acteurs ? », *Droit et Société*, n°67, 2007, pp. 577-595.

1983. Les proches peuvent bénéficier d'au moins trois parloirs par semaine quand le détenu est prévenu, et au moins un quand il est condamné. La durée des parloirs est d'environ une demi-heure en maison d'arrêt et de deux heures en établissements pour peine. Enfin, la loi de 2009 a élargi l'accès aux unités de vie familiale (UVF) à l'ensemble de la population carcérale. Inaugurées en 2003, les UVF permettent aux détenus et à leurs proches de se retrouver de six à soixante-douze heures, à raison d'une fois par trimestre, dans des petits appartements situés dans l'enceinte des établissements, sans la surveillance du personnel pénitentiaire.

La logique d'ouverture envers les proches de détenus s'accompagne néanmoins d'effets paradoxaux. L'association faite entre réinsertion et liens familiaux atténue la responsabilité des institutions carcérales quant à la préparation et à la « réussite » ou non de la sortie des détenus et tend à responsabiliser les familles.

> « On prie pour qu'il ait une liberté provisoire parce qu'il a une adresse, une famille donc moi quelque part je me porte garant pour que la justice lui fasse confiance, qu'on le laisse sortir. Du coup je me sens responsable. Ce n'est pas une mince affaire de se porter garant de quelqu'un comme ça parce que si je me porte garant et qu'il fuit, je suis dedans ». [Compagne d'un détenu prévenu, écroué depuis quatre mois.]

Par ailleurs, les proches de détenus sont amenés à dévoiler une part croissante de leur vie privée afin d'attester qu'ils sont aptes à constituer un support pour le détenu. Ils doivent par exemple démontrer qu'ils disposent d'un espace suffisant pour accueillir le détenu à sa sortie de prison, ou doivent déclarer leurs revenus pour prouver qu'ils ont les moyens financiers de le prendre en charge. Les proches sont invités à présenter des garanties certifiant qu'ils sont de « bons gages » de réinsertion et de sortie de la délinquance. Ainsi, le modèle de l'institution totale fondée sur l'exposition de la vie privée du détenu se renforce et s'étend aux proches.

Par ailleurs, la circulaire de la direction de l'administration pénitentiaire du 26 mars 2009 relative aux UVF précise que « la mise en place de visites en UVF doit avoir été précédée d'une période de visites en parloir classique suffisante pour évaluer la qualité de la relation ». Ainsi, la relation que les proches entretiennent avec le détenu est soumise au jugement moral du personnel pénitentiaire. Selon Cécile Rambourg [33], un directeur d'établissement a refusé d'accorder une UVF à un détenu au motif suivant : « Je vais ajourner à trois mois pour que la relation, qui est récente, se consolide» [34]. Les UVF tendent à

33. Rambourg C., « L'assignation identitaire des unités de vie familiale », *Déviance et société*, vol. 33, 2009, pp. 51-67.

accroître le regard de l'institution sur la vie privée des détenus et de leurs proches. Les mesures en faveur du maintien des liens s'accompagnent ainsi d'un déplacement du contrôle de l'administration pénitentiaire du détenu à ses proches et aux relations entretenues avec eux.

Sous contrôle institutionnel

Lorsqu'elles se rendent au parloir, les familles de détenus sont soumises à un contrôle strict de leurs papiers d'identité. Elles doivent entrer en prison les mains et les poches vides et passer sous le portique de sécurité sans déclencher l'alarme. Par ailleurs, leurs échanges avec le détenu sont toujours susceptibles d'être écoutés. La surveillance des parloirs, l'écoute des conversations téléphoniques et la lecture des courriers, prévues par le code de procédure pénale, témoignent de la suspicion qui pèse sur les familles de détenus. Si elles sont considérées comme des garants de la réinsertion des détenus, elles sont toujours envisagées comme un facteur de risque pour la sécurité des établissements. Même si la surveillance des échanges se décline très différemment selon les établissements et les personnels, sa potentialité limite l'intimité des échanges. De ce fait, de nombreux proches s'autocensurent quand ils s'adressent au détenu, suivant le processus présenté par Michel Foucault : « Celui qui est soumis à un champ de visibilité, et qui le sait, reprend à son compte les contraintes du pouvoir ; il les fait jouer spontanément sur lui-même ; il inscrit en soi le rapport de pouvoir dans lequel il joue simultanément les deux rôles ; il devient le principe de son propre assujettissement [35] ». Par là même, le contrôle est efficace au-delà du temps où il est effectif et s'exerce sur les détenus comme sur leurs proches. Ceux-ci s'autocensurent alors souvent par pudeur, ne souhaitant pas soumettre leurs sentiments au regard d'autrui, mais aussi par crainte qu'un de leur propos puisse avoir des conséquences préjudiciables sur le détenu.

> « Par courrier c'est délicat de dire les choses parce que tout est lu, ils lisent donc... C'est vrai que comme je sais que c'est lu, je ne sais pas quoi lui dire. Je sais qu'il attend ces lettres... Alors je lui ai écrit mais je me force un peu... je ne sais pas quoi mettre dedans [...] C'est vrai que j'ai pris l'habitude d'écrire des choses banales, ce n'est pas des choses qui peuvent porter atteinte ni pour lui, ni contre lui, ni pour ou contre la justice ». [Christine, 59 ans, mère d'un détenu écroué en MA, prévenu, 18e mois.]

Par ailleurs, au nom de la sécurité, les mesures en faveur du maintien des liens comportent toutes une nuance qui en réduit la portée. Le fait que l'administration pénitentiaire puisse imposer des parloirs hygiaphones, suspendre

34. Rambourg C., « Les unités de visites familiales. Nouvelles pratiques, nouveaux liens », *Rapport final*, ENAP, CIRAP, 2006, p. 17.
35. Foucault M., 1993 [1975], *op. cit.*, p. 236.

ou retirer le permis de visite lorsque le proche adopte une conduite jugée indécente ou quand il y a eu des échanges interdits durant un parloir constituent un réel pouvoir coercitif sur les visiteurs. Comme avec les détenus, l'institution carcérale procède à l'égard des proches d'un « gouvernement par la crainte » [36].

Le poids du stigmate carcéral et ses effets différenciés

Les frontières subjectives des prisons, qui tendent à englober les familles en leur sein, apparaissent enfin au regard de la « disqualification sociale » [37] dont elles sont l'objet. Le stigmate carcéral s'étend aux proches de détenus fragilisant leur réseau relationnel. Néanmoins, les acteurs gèrent cette identité sociale dépréciative différemment.

Disqualification sociale

Les images sociales à l'encontre de l'entourage des détenus sous-entendent d'abord souvent leur implication dans le délit ou crime commis. La suspicion à leur encontre est fortement ressentie par les proches qui sont souvent au cœur de l'enquête judiciaire. En effet, il n'est pas rare qu'ils soient placés en garde-à-vue, la police espérant ainsi obtenir des renseignements sur les faits et évaluer leur complicité éventuelle dans l'affaire.

> « Ils m'ont tout de suite mise en examen et donc là cela a été un calvaire parce qu'ils m'ont parlé comme si j'étais une voleuse ou je ne sais pas une délinquante… Moi aussi ils m'ont tout de suite condamnée, on m'a condamnée pour le cambriolage que je n'ai pas fait ! » [Violaine, 25 ans, épouse d'un détenu écroué en MA, prévenu, 5e mois.]

La procédure judiciaire retrace leur passé, scrute leur quotidien, décrypte leurs comportements.

> « C'est vrai que cela change même notre façon de penser tout ce qui arrive. On a été à la gendarmerie et ils nous ont posé plein de questions sur notre fils, comment il était dans son enfance, comment on l'a élevé, si on a eu des problèmes avec ; et déjà ça c'est blessant parce que c'est notre intimité aussi et puis on sent que bon ils cherchent l'erreur qu'on a fait et c'est très culpabilisant ». [Philippe, 69 ans, père d'un détenu écroué en MC, 25 ans, 5e année.]

36. Chauvenet A., « L'échange et la prison », in Faugeron C., Chauvenet A., Combessie P., *Approches de la prison*, Bruxelles, De Boeck Université/Montréal, Presses de l'université de Montréal/Ottawa, Presses de l'université d'Ottawa, 1996, pp. 45-70.
37. Paugam S., *La Disqualification sociale. Essai sur la nouvelle pauvreté*, Paris, PUF, 2002 [1991].

La perquisition du domicile familial, vécue comme une véritable violation de leur intimité, génère un sentiment d'insécurité et de honte car « les adultes, comme les enfants, ont besoin de contrôler dans quelles conditions ils voient et sont vus » [38].

> « Le lendemain de son arrestation, sans nous prévenir, deux voitures de police qui débarquent et alors ça c'est traumatisant parce qu'ils sont sans discrétion. On n'avait pas le droit de bouger et vraiment c'est traumatisant et moi c'est vrai que j'ai mis des mois avant de ne plus craindre l'arrivée de la gendarmerie à la maison. Notre maison c'était notre maison, on ne pouvait pas toucher à notre maison et encore maintenant, ce n'est plus pareil c'est-à-dire que cela nous dépossède, on a l'impression maintenant qu'on peut venir chez vous comme ça. Moi, je sais que vraiment, cela a été un affront terrible. Pour moi c'est aussi le fait qu'on vous soupçonne et qu'on vous humilie, c'est de l'humiliation parce qu'ils vous suivent partout, ils fouillent partout... Si bien que quand on est confronté à ça, on se sent nu, on est rien, on est nu, on est face à des forces qui ont tous les droits, on n'est plus sécurisé, voilà ». [Marion, 65 ans, mère d'un détenu écroué en MC, 25 ans, 5e année.]

Dans le cadre d'affaires jugées aux assisses, l'enquête comprend également une large investigation sur le voisinage et la famille, mettant au jour des pans de la vie des proches à leur insu. La médiatisation de l'affaire constitue une autre voie d'exposition de soi qui échappe aux acteurs.

Le statut de « famille de détenu » est associé à des images de vulgarité, de manque d'éducation, de faiblesse intellectuelle et de dangerosité. Les proches ont souvent la réputation d'être des « cas sociaux ». L'expérience carcérale, en tant qu'épreuve identitaire, s'élargit ainsi aux proches des détenus.

> « Les gens réagissent différemment. Il y en a pour qui j'ai une étiquette sur le front. L'étiquette c'est "ouais tu as ton mec en prison, tu dégages, tu n'es pas fréquentable". Voilà, style c'est moi qui suis allée en prison à la limite, c'est assimilé. De toute façon, je veux dire une mère qui a son fils en prison, c'est parce qu'elle n'a pas su l'éduquer, parce que c'est une mauvaise mère. Une femme qui a son mari en prison et ben c'est une femme de taulard donc elle a forcément quelque chose à se reprocher ». [Annabelle, 27 ans, compagne d'un détenu écroué en MA, prévenu, 2e année.]

38. Sennett R., *Respect. De la dignité de l'homme dans un monde d'inégalité*, Paris, Albin Michel, 2003, p. 136.

Le statut de « femme de détenu », de « mère de détenu », etc. supplante toute autre identité sociale pour devenir le « statut principal » [39]. La dimension dissuasive imputée aux prisons participe de la dégradation du statut de proche de détenu. En effet, la légitimité des prisons repose notamment sur la peur qu'elles induisent [40], celle-ci étant alimentée par les représentations associées aux détenus toujours présentés comme dangereux et immoraux. La stigmatisation inhérente à l'institution carcérale découle aussi de l'effet de scission qu'elle doit produire. La prison sépare, démarque. Au dehors le normal, le conforme, le moral ; à l'intérieur le pathologique, le dangereux, l'immoral. L'enfermement doit permettre d'identifier et de distinguer les personnes honnêtes de celles qui ne le seraient pas, leur mise à l'écart laissant penser que ces groupes s'opposent de façon hermétique. Or, le stigmate carcéral se diffuse à leurs proches et les contamine. Par le processus de « contagion» [41], la dimension sacrificielle des prisons et son effet de scission s'étendent des personnes incarcérées à leurs proches comme s'ils faisaient partie de son intérieur.

Relégation sociale

Par conséquent, les réseaux de sociabilité des proches de détenus sont atteints. Les acteurs font souvent l'objet de logiques d'exclusion [42] et/ou s'auto-excluent. Entachés par l'acte de leur mari, compagnon, fils..., les contours de leur famille se redessinent.

> « Quand on a arrêté mon mari, les gens ils ont su et tous les gens qui sont honnêtes, ils ont coupé les ponts parce qu'ils ont dit qu'on était des gens qui avaient des problèmes [...] Mon mari a été arrêté, tout le monde m'a laissé tomber. Ils m'ont jugée, ils m'ont condamnée et ils ne viennent pas me voir alors que j'ai besoin de soutien moral, j'ai besoin que la famille vienne mais ils m'ont mise à l'écart ». [Loucine, 41 ans, compagne d'un détenu écroué en MA, prévenu, 4e mois.]

Les proches de détenus font parfois l'objet de chantage : le maintien des relations ou l'aide proposée est soumise à la condition de la rupture du lien entretenu avec le détenu.

> « Déjà il y a le choc de l'incarcération et puis ben, après il faut gérer toutes les relations autour. Il y a des gens qui vous lâchent parce qu'ils ont peur. Dans ma famille, mon frère et ma sœur, je ne les ai pas vus pendant un an et demi. Mes parents, ils m'ont enfoncée en

39. Hughes E., *Le Regard sociologique. Essais choisis*, Paris, Éditions de l'EHESS, 1996 [1961].
40. Chauvenet A., Rostaing C., Orlic F., *La Violence carcérale en question*, Paris, PUF, 2008.
41. Goffman E., *Stigmate. Les usages sociaux des handicaps*, Paris, Éditions de Minuit, 1975 [1963].
42. Elias N., *Logiques de l'exclusion : enquête sociologique au cœur des problèmes d'une communauté*, Paris, Fayard, 1997 [1965].

me faisant du chantage : "si tu divorces, on t'aide". Alors je ne les vois plus ». [Patricia, 38 ans, épouse d'un détenu écroué en MA, prévenu, 15e mois.]

Le processus de « contagion du stigmate » justifie les exclusions vécues par les proches de ceux qui sont incarcérés. Leur entourage, craignant d'être à son tour contaminé par le stigmate carcéral, instaure une certaine distance : « Le problème des personnes stigmatisées se diffuse comme des ondes [...] Cette tendance du stigmate à se répandre explique en partie pourquoi l'on préfère le plus souvent éviter d'avoir des relations trop étroites avec les individus stigmatisés ou les supprimer lorsqu'elles existent déjà » [43].

> « Dans ma famille, ils n'ont pas accepté parce que bon, pour les assises, ils font une enquête et donc ils ont été voir ma famille, ils sont allés les interroger et alors ils m'ont tous tourné le dos, tous [...]. Tu te rends compte, la police est venue à la maison, tu te rends compte, c'est une honte pour les voisins... » [Martine, 56 ans, mère d'un détenu écroué en MC, 13 ans, 10e année.]

Les acteurs décident parfois de mettre un terme à certaines de leurs relations, ayant le sentiment que leur engagement auprès du détenu ou leur souffrance ne parviennent pas à être compris.

> « Mes amis, ils ont su qu'il était en prison et ils m'ont dit "oh, ne t'inquiète pas, pleure pas, c'est pas la fin du monde". J'entendais beaucoup ce discours et franchement cela me torturait. Je me disais qu'eux ils me disent ça parce qu'ils n'ont jamais vécu ça. Quelqu'un qui a vécu ou qui vit cette situation, il ne pourra jamais employer ces termes. À la fin j'en suis venue à éloigner mes amis que je connaissais depuis toujours... mes copains, copines, je les ai éloignés de moi ». [Violaine, 25 ans, épouse d'un détenu écroué en MA, prévenu, 5e mois.]

La volonté de maintenir secrète cette information sur soi et la crainte des jugements dépréciatifs d'autrui peuvent aussi amener les proches de détenus à se distancier de leurs amis, familles, collègues.

> « ça nous a isolés de notre fait. On n'a pas voulu, on n'a pas voulu raconter autour de nous que notre fils est en prison... On ne peut pas raconter ». [Perrine, 70 ans, mère d'un détenu écroué en MA, prévenu, 3e mois.]

43. Goffman E., 1975 [1963], *op. cit.*, pp. 43-44.

Ils se replient alors sur eux-mêmes, surinvestissent l'espace domestique et sont pleinement investis dans le soutien qu'ils s'efforcent d'apporter au détenu. L'*expérience carcérale élargie* génère de ce fait une forte vulnérabilité relationnelle.

Gestion différenciée du stigmate

Si une identité dépréciative est collectivement assignée aux proches de détenus, ils ne gèrent pas le stigmate carcéral de la même manière. Les individus peuvent prendre de la distance avec les jugements sociaux péjoratifs auxquels ils sont confrontés, « on peut s'identifier soi-même autrement que ne le font les autres » [44]. En considérant le rapport des proches de détenus au stigmate, leur rapport à l'institution carcérale et la manière dont l'incarcération s'inscrit dans leur parcours biographique, nous avons construit une typologie de l'*expérience carcérale élargie*, qui peut être *dévastatrice*, *retournée* ou *combative* [45]. Quatre variables expliquent qu'un individu a plus de probabilité de vivre l'*expérience carcérale élargie* selon le premier, le second ou le troisième idéal-type défini : la prévisibilité de l'incarcération, le regard porté sur la culpabilité de son proche, le milieu social d'appartenance et, enfin, la durée de l'expérience. Ces quatre variables donnent sens à l'analyse typologique mais elles ne doivent pas être considérées les unes indépendamment des autres. C'est leur combinaison particulière qui permet de comprendre que la manière dont un individu éprouve cette situation particulière se rapproche plutôt de l'expérience *dévastatrice*, *retournée* ou *combative*, comme nous allons le voir.

Les proches dont l'expérience tend à être vécue de manière *dévastatrice* éprouvent un fort sentiment de honte. L'incarcération d'un de leurs proches redéfinit profondément la manière dont les acteurs se pensent et dont ils perçoivent le monde. Les stéréotypes dépréciatifs associés à leur nouveau statut ne sont pas mis à distance.

> « Chaque fois que je vais au parloir, quand je vois ces murs, ces barbelés, c'est l'angoisse et il y a la honte aussi, la honte, j'ai honte, je ne sais pas pourquoi, j'ai honte, je n'ai pas à avoir honte mais n'empêche que j'ai honte ». [Éléonore, 42 ans, sœur d'un détenu écroué en MC, 15 ans, 8e année.]

L'incarcération engendre des « conversions identitaires douloureuses » [46] pour ces proches qui ne parviennent pas à mettre en place des processus de compensation, à trouver des statuts de substitution. L'*expérience carcérale élargie* interroge sur soi et les a « changés ».

44. Dubar C., *La Crise des identités. L'interprétation d'une mutation*, Paris, PUF, 2003, p. 4.
45. Vous trouverez une présentation exhaustive de cette typologie et de son processus d'élaboration dans l'ouvrage Touraut C., 2012, *op. cit.*
46. Chantraine G., *Par-delà les murs*, Paris, PUF, 2004, p. 133.

« C'est vrai que moi j'ai beaucoup changé, je suis devenue très méfiante, ça m'a vraiment fait changer de regard sur les choses. Je suis maintenant beaucoup plus prudente, je fais moins confiance, je ne fais plus confiance. Vous savez, je crois que tout le monde qui rentre en prison, visiteur, famille, détenu, on n'en sort jamais pareil. Moi vraiment, je suis beaucoup plus méfiante et oui je suis une autre personne ». [Valérie, 50 ans, mère d'un détenu écroué en MC, 15 ans, 8e année.]

Les personnes ont à la fois le sentiment d'être quelqu'un d'autre et de ressentir les choses différemment.

« J'ai un autre regard sur la vie, complètement. Sur tout, sur la vie, sur la société, sur tout. Je me suis remise en question, on se remet toujours en question, je remets tout en question ». [Violaine, 25 ans, épouse d'un détenu écroué en MA, prévenu, 5e mois.]

Cette épreuve constitue une cassure dans leur histoire et leur identité sur laquelle ils ne parviennent pas à bâtir des perspectives d'avenir. La peine n'est pas investie de sens, l'incarcération est définie comme une épreuve exclusivement négative pour soi comme pour le détenu. L'*expérience dévastatrice* marque souvent les premiers mois qui suivent l'incarcération. Elle est aussi souvent éprouvée par les acteurs convaincus de l'innocence du détenu mais qui possèdent peu de ressources sociales pour protester. Elle est enfin partagée par des personnes issues d'un milieu social plutôt privilégié qui semblaient jusqu'à présent vivre dans un monde où la prison ne les concernait pas.

L'*expérience retournée* illustre le récit des individus qui parviennent à inverser le stigmate carcéral : l'expérience est mise en sens par ces acteurs qui décrivent les changements positifs qu'elle a générés. L'incarcération constitue une information personnelle parcimonieusement divulguée à des personnes de confiance, leurs réseaux de sociabilité se contractent et se recentrent sur quelques personnes de confiance. Cette épreuve est vécue de manière paradoxale : elle est présentée comme dommageable autant que bénéfique pour le détenu comme pour eux-mêmes. La mise en détention est décrite comme un facteur de stabilité face à une vie ponctuée de conflits et d'insécurité. Certains acteurs racontent leur soulagement et le répit offert par l'incarcération. Celle-ci serait arrivée à point nommé pour interrompre une trajectoire délinquante ayant inéluctablement conduit leur mari, compagnon, fils, etc. à commettre des actes plus graves, plus immoraux et plus violents. Les proches insistent également sur les changements positifs du détenu depuis sa mise en détention : il serait plus respectueux, plus affectueux, et mènerait une vie plus saine qu'à l'extérieur. L'incarcération, en élargissant sensiblement le rôle des femmes, apparaît comme une occasion pour elles de se découvrir des compétences nouvelles. Parvenir à supporter seule la multitude des contraintes de la vie quotidienne et l'ensemble des responsabilités domestiques et familiales les valorisent. Cette manière de vivre leur situation en lui donnant un sens constitue l'une des réactions face au stigmate décrite par Erving Goffman. Selon l'auteur, le stigmatisé peut voir « dans les épreuves qu'il a subies une bénédiction déguisée, pour cette raison en particulier que, estime-t-on, la souffrance est capable d'enseigner certaines choses sur la vie et sur les hommes » [47]. Pour ces acteurs, le placement en détention était craint et redouté. Aucun d'entre eux d'ailleurs ne remet en cause la culpabilité de leur proche souvent incarcéré pour quelques mois ou quelques années. Cependant, quand l'incarcération se prolonge au-delà du temps qu'ils avaient imaginé, la lecture qu'ils font de leur situation peut évoluer : leur expérience peut (re)devenir *dévastatrice* ou *combative*.

Les proches dont l'expérience est *combative* assument pleinement leur statut de « proche de détenu ». Ils n'éprouvent pas de honte et refusent de mentir pour garder secrète cette information. Pour ces acteurs, l'incarcération ne constitue pas une rupture identitaire et ne fait pas figure d'événement biographique tant elle s'inscrit dans la continuité de leur parcours de vie. Ces proches s'efforcent de modifier les représentations sociales stéréotypées qui pèsent sur les familles de détenus et n'hésitent pas, par exemple, à prendre la parole sur la scène médiatique. L'expérience combative, bien moins fréquente que les idéaux-types d'expériences précédents, est souvent éprouvée par des proches dont le détenu est condamné à une longue peine, par les femmes ayant rencontré leur compagnon en prison, celles qui interprètent l'acte du détenu comme politique et enfin par des proches qui considèrent que l'incarcération n'est pas justifiée et qui ont les ressources sociales pour protester.

L'*expérience carcérale élargie* traduit l'emprise des prisons sur des personnes qui ne sont pas recluses et qui éprouvent pourtant quotidiennement la prison. L'institution carcérale change, s'ouvre et évolue. Les liens avec l'extérieur se multiplient et les liens familiaux ont fait l'objet de réformes législatives devant permettre de les préserver. Pour autant, il apparaît que la définition de l'institution totale à partir de l'idée de clôture et d'exposition de la vie privée des acteurs sort renforcée par cette étude. L'expérience carcérale élargie fait apparaître que les frontières circonscrivant son champ d'action ne sont pas les murs des prisons mais qu'elles se situent à la limite de leur « périmètre sensible », espace péricarcéral délimité par des frontières subjectives qui sont toujours susceptibles d'être redéfinies.

47. Goffman E., 1975 [1963], *op. cit.*, p. 22.

Le paradoxe de la modernisation carcérale

Ambivalence du bâti et de ses usages au sein de deux prisons belges

David SCHEER

*David Scheer est criminologue au Centre de Recherches Criminologiques (CRC) de l'Université de Bruxelles (ULB067). Il mène actuellement une thèse de doctorat sous la direction de Philippe Mary, relative à l'architecture carcérale belge et aux usages sociaux des espaces en détention (Aspirant FNRS). Dans le champ français, il a notamment publié, aux côtés de Gilles Chantraine et Olivier Milhaud : « Espaces, discontinuités et surveillances mutuelles en établissement pénitentiaire pour mineurs » (*Politix. Revue des sciences sociales du politique, *vol. 25, n° 97 : Territoires du contrôle social, 2012, pp. 125-148).*

Par une démarche comparative, cet article vise à confronter le quotidien de vie et de travail au sein de deux établissements pénitentiaires belges d'époques différentes afin de définir et de circonscrire une double problématique : le paradoxe de la modernisation carcérale *et* l'ambivalence du système carcéral au travers de l'architecture. Le premier axiome se base sur un constat relativement récurrent qui interroge: les vieilles prisons semblent davantage appréciées des détenus et du personnel au détriment des établissements pénitentiaires plus récents [1]. En effet, nombre d'agents pénitentiaires et de détenus disent préférer évoluer au sein d'anciennes prisons – parfois très vétustes et insalubres – qu'au sein de nouvelles constructions carcérales présentées comme plus propres, saines et confortable [2]. Cet étonnement, que nous allons

1. Pour une autre analyse de ce paradoxe, dans le paysage institutionnel français, voir notamment : Salle G., « De la prison dans la ville à la prison-ville. Métamorphoses et contradictions d'une assimilation », *Politix*, vol. 25, n°97, 2012, pp. 75-99.
2. Une recherche quantitative réçente, basée sur 548 questionnaires adaptés du "Conceptualising and Mesuring the Quality of Prison Life" (Cambridge University) et distribués dans la totalité des prisons belges, confirme ces propos. En effet, les établissements pénitentiaires les plus vétustes reçoivent les meilleures notes d'appréciation des détenus, et ce en tous points (relations avec le personnel, contacts familiaux, autonomie, respect… et même conditions matérielles). Voir : Vanneste Ch., Devresse M.-S. (eds.), *Recherche relative à la*

tenter d'illustrer par la comparaison de deux établissements, révèle ensuite, dans la foulée de la réflexion, un second constat : toute prison, dans sa construction même, porte en ses murs une ambivalence (presque un paradoxe) de laquelle il est difficile de s'extirper au quotidien. De fait, les prisons sont pensées et conçues dans un dessein particulier : tantôt dans une visée individuelle, tantôt dans une optique de gestion d'une population ; mais l'observation de ce quotidien de vie et de travail dévoile des adaptations [3] qui permettent au(x) bâtiment(s) – et donc au système – de subsister même si l'objectif initial n'est pas atteint. L'angle de recherche et d'analyse ici privilégié est celui des espaces. Sans revenir sur l'histoire architecturale de la prison [4] depuis le XVIIIe siècle, la prison est pensée *pour* être construite, et est pensée *dans* sa construction. C'est donc la matérialité du dispositif – ses murs, ses lieux, sa texture, sa palpabilité... – qui est en question. Partant, ce sont les lieux – les visibilités qu'ils offrent, les usages qu'ils permettent ou empêchent, les pratiques qu'ils façonnent ou préconisent, les mobilités qui y ont cours – qui seront l'objet de cette analyse.

En confrontant le quotidien de détention d'une prison édifiée en 1876, de taille modeste et reflétant un projet pénitentiaire assumé basé sur la réclusion monastique, à celui d'une prison construite en 2002, imposante et assurant une sécurité passive optimale, il est possible d'interroger ce paradoxe et de saisir l'ambivalence *de* et *dans* la détention. En se focalisant sur les espaces, cet article illustre donc les manières de vivre et de travailler dans des lieux tantôt vétustes – les actions quotidiennes oscillant alors entre flexibilité et rigidité –, tantôt presque immaculés – les acteurs profitant d'un cadre davantage adapté à la prison contemporaine, mais vécu comme déshumanisant. Dans la réalité, les deux constructions carcérales présentées ici sont, à plus de cent vingt années d'écart, la concrétisation d'une recette architecturale unique, et toujours renouvelée en Belgique [5] : une prison en étoile à quatre branches, de type « Ducpétiaux » [6]. Cependant, les manières de circuler, de communiquer, d'in-

---

classification et à la question des régimes au sein des établissements pénitentiaires, Institut National de Criminologie et de Criminalistique (INCC), 2011, notamment p. 230.

3. En rapport avec les adaptations secondaires en institutions closes, voir : Goffman E., *Asiles. Étude sur la condition sociale des malades mentaux*, Paris, Les Editions de Minuit, 2007 (édition originale : 1968).

4. Voir notamment et entre autres : Bentham J., *Le panoptique*, Paris, Milles et une nuits, 2002 (édition originale : 1791) ; Evans R., *The Fabrication of Virtue. English Prison Architecture, 1750-1840*, Cambridge, Cambridge University Press, 1982 ; Johnston N., *Forms of Constraint. A History of Prison Architecture*, Champaign, University of Illinois Press, 2000 ; Fairweather L., McConville S. (eds.), *Prison Architecture. Policy, Design and Experience*, Burlington, Architectural Press, 2000.

5. Nous faisons volontairement abstraction ici des quelques tentatives d'innovation architecturale et d'émancipation du modèle en étoile (type "Ducpétiaux") qui concernent les établissements pénitentiaires à régime fermé dans les années 1970. Historiquement, ces exceptions ont régulièrement été présentées comme des échecs.

6. Du nom de l'architecte Édouard Ducpétiaux, inspecteur général des prisons et des établissements de bienfaisance de 1830 à 1861. Voir notamment *Des progrès et de l'état actuel de la réforme pénitentiaire et des institutions préventives, aux États-Unis, en France, en Suisse, en Angleterre et en Belgique*, Bruxelles, société belge de librairie, 1837 ; et *Architecture des pri-*

teragir ou de s'approprier l'espace sont radicalement différentes – toujours paradoxales et ambivalentes – d'un établissement à l'autre. La description de ces agissements au sein de la détention (actions sur l'espace et modélisées par l'espace) permettent de définir notre double problématique – pourquoi les vieilles prisons sont-elles valorisées ? Quel est le décalage entre l'utilisation prescrite du bâtiment et les usages réels quotidiens au sein de ces prisons ? – et de déceler la manière dont ces deux axiomes s'agencent.

Finalement et en *post-scriptum*, par une brève analyse des projets de futures prisons en Belgique, il conviendra de décrire à la fois la reproduction historique de l'architecture carcérale (aux espaces rigides toujours dupliqués, impliquant diverses tentatives d'émancipation par rapport aux usages prescrits et qui semblent toujours vouées à l'échec) et les registres de légitimation mobilisés par l'administration pénitentiaire qui permettent au bâti carcéral de demeurer et d'être reproduit, malgré l'ambivalence *intra-muros* de toute détention.

Méthodologie

Les résultats présentés ici, nécessairement partiels, sont tirés de deux immersions ethnographiques de quatre mois chacune au sein des prisons de Verrouville et de Titalium [7] (dans cet ordre chronologique). Ces immersions, effectuées dans le cadre d'un doctorat en criminologie, ont eu pour grille d'observation privilégiée celle des espaces : observations dans tous les lieux de la détention, entretiens avec des détenus et des professionnels, partage du quotidien de vie et de travail... La démarche ethnographique consistait à s'intégrer dans la vie ordinaire de la prison, tant auprès des professionnels (partage du quotidien de travail notamment la nuit, prise de repas au sein du mess...) que des détenus (longues discussions en cellule, partage des activités...), afin de cerner et de comprendre les enjeux du quotidien carcéral et la banalité de la détention dans ces aspects spatiaux. Il s'agit donc d'une démarche impliquée – qui excuse, nous l'espérons, le caractère parfois égocentré des extraits de terrain présentés dans ce texte – par laquelle la position même du chercheur, au départ intrus, révèle de nombreux enjeux [8].

Outre ce matériau ethnographique, des plans d'établissements construits et de projets architecturaux ont été analysés, et des entretiens avec des personnes en charge de la conception et/ou des choix de sélection des projets ont été effectués. Si ces données ne sont pas mobilisées directement dans cet article – la recherche étant toujours en cours, les procédures de sélection des consortiums n'étant pas clôturées et le chercheur étant tenu par une clause de confidentialité –, elles ont tout de même participé à l'élaboration de la réflexion et viendront appuyer notre propos avec parcimonie.

sons cellulaires. Étude d'un programme pour la construction des prisons cellulaires, Bruxelles, Guyot, 1863.

7. Par souci d'anonymisation des établissements pénitentiaires, les noms des prisons ont été modifiés. Que les méninges de mes collègues Dominique et Sybille soient ici remerciées pour leur productivité créatrice.

8. Pour une analyse de la position du chercheur dans la recherche socio-anthropologique, voir : Olivier de Sardan J.-P., « Le "je" méthodologique. Implication et explication dans l'enquête de terrain », *Revue française de sociologie*, vol. 41, n°3, 2000, pp. 417-445.

Tout d'abord, une présentation de la première prison, notamment à l'aide d'extraits de terrain, révèlera un double enjeu : l'oscillation du quotidien entre flexibilité et rigidité. Ensuite, une présentation du second établissement mettra en évidence une autre facette du quotidien, entre quête de sécurité et processus d'isolation des acteurs [9]. Souligner le paradoxe de la modernisation carcérale (en confrontant deux établissements pénitentiaires d'historicités très différentes) permettra de relever l'ambiguïté qui règne au sein même de chaque lieu de détention.

Deux ambivalences, très différentes, du système carcéral seront enfin discutées avant de passer, après conclusion, à une très brève ouverture concernant les projets de construction actuellement déployés sur le territoire belge.

Le paradoxe de la modernisation carcérale

> « Ici [à la prison de Verrouville], c'est crade et ça pue, mais au moins y'a une ambiance. En plus des cafards, tu peux te faire des potes, tu croises du monde. Des copains de purge, mais aussi des chefs, hein. Tu vois comment ? C'est pas comme à Titalium. Là-bas, c'est chacun pour sa gueule ».

Voilà comment un détenu comparait, en quelques mots, le quotidien de vie au sein de deux prisons d'époques différentes, l'une très vétuste (Verrouville) et l'autre relativement récente (Titalium). Un agent pénitentiaire partageait ce constat :

> « À Verrouville, c'est un gros bordel, mais j'appelle ça un bordel organisé. Le boulot est fait, il est bien fait, et on rigole. Quand j'étais à Titalium, c'était la guerre. Il y avait plus de problèmes avec les collègues qu'avec les gars [les détenus]. C'est chacun pour soi. [...] C'était plus stressant. Pour tout te dire, j'avais des problèmes cardiaques à cause du stress, et quand je suis venu à Verrouville j'ai récupéré presque toutes mes facultés cardiaques. C'est pas moi qui le dis, c'est le médecin ».

9. Lors de la rédaction de ce texte, nous avons choisi de gommer les données sociodémographiques des détenus et des membres du personnel côtoyés (âge, type de carrière professionnelle ou délinquante, statut...). Cette anonymisation radicale a nécessairement des répercussions sur l'écriture et l'interprétation, en favorisant peut-être une lecture strictement interactionniste et en déconnectant les discours et les pratiques des trajectoires individuelles. Il est tout de même important de noter qu'il n'existe que peu de contrastes entre les acteurs détenus ou employés dans les deux établissements. Par ailleurs, on observe régulièrement des transferts de détenus ou des mutations de personnels entre les deux prisons (engendrant un changement dans les pratiques individuelles sans, évidemment, changer la trajectoire individuelle précédente de chacun).

Si le quotidien – de vie pour les détenus, et de travail pour les professionnels – semble davantage confortable dans l'ancienne prison qu'au sein de la nouvelle, ce constat interroge la modernisation des établissements pénitentiaires. Un ensemble de facteurs semble conditionner le fait que la prison de Verrouville, pourtant sale et aux équipements souvent dysfonctionnels, soit valorisée par les acteurs de la détention au détriment de la prison de Titalium, plus neuve et présentée de l'extérieur comme un modèle en termes de confort, d'hygiène et de sécurité. Pour le regard extérieur et dans les médias, le contraste entre les deux établissements est frappant. La prison de Verrouville est présentée comme le modèle du pire dans la presse nationale : « [les] cellules, entre autres, font de la prison de [Verrouville] une institution hors-la-loi. Un comble ! Les détenus s'y partagent dix mètres carrés à trois ou quatre. Les murs sont sales et tachés d'humidité. Un seau remplace souvent la toilette, mais ne peut être vidé la nuit. Des mousses déchirées font office de matelas. Le plâtre tombe en miettes. Des robinets gouttent inexorablement. Les fils électriques sont à découvert. Les plombs sautent régulièrement Bref, les normes légales paraissent avoir été jetées aux oubliettes il y a longtemps » [10] ; alors que la prison de Titalium reçoit un meilleur traitement médiatique, la presse vantant « l'attention toute particulière [qui] a été portée aux moyens architecturaux permettant d'humaniser les lieux de travail et de vie du personnel et des détenus » et l'absence de surpopulation, et ne regrettant que l'implantation géographique de l'établissement [11].

Pourtant, à l'intérieur des murs, le constat est tout opposé. Et si les membres du personnel pénitentiaire et les détenus évoquent régulièrement l'usure des bâtiments de la prison de Verrouville qui oblige certaines adaptations des pratiques et engendre une routine qui se perpétue (le temps faisant son office), ce paradoxe de la modernisation carcérale apparaît comme plus complexe qu'un simple effet du temps. Derrière la différence apparente entre les deux prisons, il existe également un paradoxe interne au sein même des établissements entre les usages prescrits (dans le projet de conception, et dans les attentes de l'administration pénitentiaire) et les effets réels de la configuration des lieux. Nous allons donc faire émerger ce paradoxe dans un premier temps, avant d'analyser les décalages *intra-muros* dans un second point.

10. Moriamé B., « Les pires infrastructures carcérales sont prolongées », *La Libre Belgique*, 11 avril 2011.
11. Voir : SudPresse, « Seul inconvénient : sa mauvaise situation », 25 mai 2011 ; Régie des Bâtiments, « La prison de [Titalium] », mai 2002.

Prison de Verrouville (type Ducpétiaux), plus de cent trente ans après la construction

La prison de Verrouville fut construite en 1876 sur les plans de l'architecte E. Ducpétiaux (*cf.* illustration n°1). Il s'agit d'une prison cellulaire de taille modeste (160 places) sous la forme d'une étoile : du centre partent trois ailes composées chacune de trois étages de cellules. Dans la conception de l'architecte, la vie de l'établissement est entièrement tournée vers « le cellulaire », véritable cœur de la prison. Ce dernier, ayant lui-même vécu la promiscuité de la détention et étant convaincu de l'effet rédempteur de l'isolement, a placé l'enfermement cellulaire au centre des réformes pénitentiaires de l'époque. L'utilisation de la cellule comme véritable outil d'autoréflexion et de travail d'introspection visait à éviter les usages pénitentiaires en vigueur sous le régime français et qui consistaient à prendre le détenu, le jeter en prison, et en fermer la porte [12]. Si cette vision de l'incarcération semble aujourd'hui obsolète, l'utopie cellulaire d'inspiration monastique reste omniprésente dans les murs de la prison de Verrouville : frontispice de style baroque, cellules individuelles pour la plupart (aujourd'hui parfois fortement surpeuplées), fenêtres haut placées offrant une vue sur le ciel, vitraux...

En effet, hormis quelques aménagements architecturaux (l'ajout d'une annexe psychiatrique, notamment), la prison n'a jamais fait l'objet d'une véritable rénovation. C'est donc dans des lieux vétustes que les agents pénitentiaires travaillent et que les détenus vivent. Au sein de la prison, une zone de détention cellulaire avec une ouverture visuelle impressionnante, tant en horizontalité qu'en verticalité ; une fourmilière où se côtoient plus de 200 détenus et 160 agents pénitentiaires, ainsi que quelques intervenants psychosociaux ou religieux. Les détenus sont répartis en fonction de leur destination – les prévenus, les condamnés et les internés étant censés ne pas se rencontrer (la réalité est bien différente) – ou selon le degré d'ouverture du régime (deux ailes fermées, une aile « portes ouvertes », une autre destinée aux détenus travailleurs). Il est important de noter que tous les services destinés aux détenus sont directement mitoyens aux sections : le service psychosocial se trouve dans la continuité de l'aile B, l'infirmerie est attenante à l'aile C, les salles de musculation se trouvent au sein des ailes...

12. Voir Ducpétiaux E., « Des conditions d'application du système de l'emprisonnement séparé ou cellulaire », *Académie royale des Sciences, des Lettres et des Beaux-Arts de Belgique*, Bruxelles, 1858.

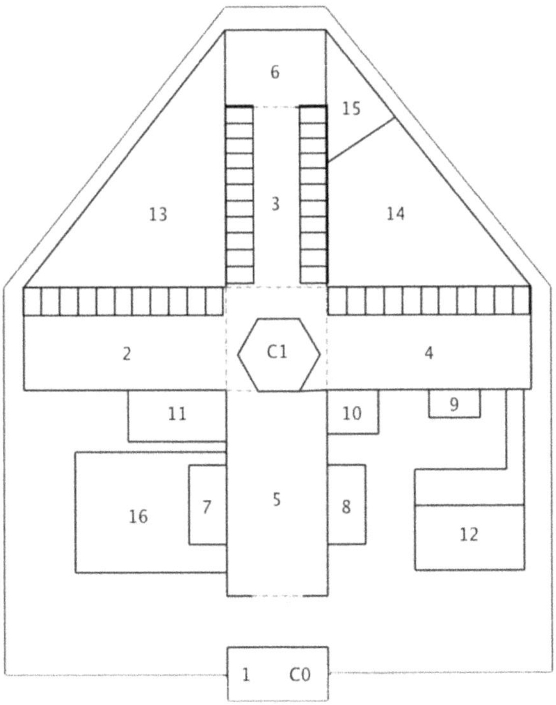

1. Portier
2. Aile A
(condamnés, trois sections à régime « portes ouvertes »)
3. Aile B
(prévenus, trois sections à régime fermé)
4. Aile C
(condamnés, trois sections à régime fermé)
5. Aile D
(1er étage, une section de condamnés travailleurs)
6. Annexe psychiatrique / Service psychosocial
(1er étage)
7. Bureaux de la direction
8. Greffe
9. Cachots
10. Vestiaires / Réception détenus
11. Salle de visites
12. Service technique / Cuisine
13. Cour de promenade
14. Cour de promenade
(détenus en régime de protection)
15. Cour de promenade
(annexe psychiatrique)
16. Cour de promenade
(aile D)

C0. Poste de commande
(zone portier)

C1. Poste de commande
(zone de détention)

Les pointillés gris représentent les grilles principales

Illustration n°1. Prison de Verrouville (Environ 10 000 m² au sein du mur d'enceinte)

Nous viserons à mettre en lumière l'adaptation des pratiques des professionnels et des détenus à cette structure pénitentiaire surannée. En effet, depuis des années, la prison de Verrouville est décriée publiquement et médiatiquement pour sa vétusté [13] ; sa fermeture est même annoncée depuis plus de quinze ans. Le bâtiment est pourtant toujours fonctionnel. Un important budget a été débloqué récemment en vue de renforcer la surveillance technologique (mise en place d'un poste central d'informations destiné à la coordination du réseau de surveillance et de circulation, placement d'un réseau de caméra-surveillance…), officiellement « en attente de la fermeture de l'établissement dans les deux à cinq ans ». Sur le terrain, personne ne croit en cette annonce…

13. Voir notamment : Moriamé B., « Au fond des oubliettes », *Le Soir*, 18 septembre 2009 ; Schares L., « Une prison vétuste, surpeuplée et qui n'est pas près de fermer », *Le Soir*, 5 février 2011.

Extraits de terrain (Prison de Verrouville) [14]

Il est 7h30, je rentre par la porte principale de la prison de Verrouville et salue les agents en poste au portier. Après mon passage sous le portique de détection magnétique (qui sonne sans que cela n'alerte les agents), ils me souhaitent une bonne journée et m'ouvrent la porte vers le reste de la prison. Je croise un détenu qui nettoie la salle d'attente des visiteurs, il ira ensuite nettoyer l'aire de stationnement de la prison, de l'autre côté du mur d'enceinte, sans surveillance. Deux grilles franchies plus tard, et une fois dans le cellulaire, j'observe quelques instants cette fourmilière avant de choisir ma destination. Je serre la main à deux détenus appuyés contre la grille de l'aile « portes ouvertes », comme moi ils observent la détention en discutant. Détenus et agents se côtoient dans les mêmes espaces, et il est parfois difficile de savoir qui est qui. Hormis les uniformes et quelques habits pénaux, rien ne distingue les groupes de prime abord. Un détenu sort des douches en peignoir. Un autre remplit un seau d'eau pour nettoyer sa cellule. Quelques agents rigolent au fumoir.

Je rentre dans le centre de commandes afin de saluer l'agent responsable et son adjoint. Dans cet « aquarium », ils gèrent les circulations internes en permettant l'ouverture des différentes grilles de la détention. D'ici, les mouvements semblent spontanés : les uns vont et viennent, les grilles restent souvent ouvertes et il est difficile de savoir qui va où... Étant donné les dysfonctionnements techniques (les images retransmises par les dernières caméras qui fonctionnent sont illisibles, le panneau d'indication des alarmes est inopérant depuis une dizaine d'années), les agents du centre travaillent par regard direct (sans l'intermédiaire de l'écran) : à l'entente du son qui indique une demande d'ouverture, l'agent observe qui réclame le passage d'une zone à une autre. En règle générale, il ouvre sans se poser plus de question. De l'autre côté de la vitre, un prévenu incarcéré depuis la veille sort de son aile par la grille principale. Il erre ensuite au sein de l'anneau central, l'air perdu. L'agent, par un geste du menton, interroge le détenu sur sa destination. Le détenu répond en mimant une cravate, signe qu'il est attendu par son avocat. L'agent lui désigne alors la prochaine grille à emprunter en la pointant du doigt. Lorsque je questionne l'agent en charge de l'ouverture des portes, il m'explique : « lorsqu'on me demande d'ouvrir, moi j'ouvre. C'est tout. Peu importe qui c'est, s'il demande c'est qu'il doit aller quelque part ». Si ces pratiques semblent très laxistes, force est de remarquer que cela engendre une fluidité rarement décrite en prison.

Je me rends ensuite au sein de l'aile C, une aile « fermée » destinée aux condamnés. Un détenu, apparemment en route pour l'infirmerie, s'arrête quelques instants au bureau des agents. Il s'assied en leur compagnie et, côte-à-côte, ils terminent une grille de sudoku. Dans cet établissement, la distinction entre les différentes fonctions et grades pénitentiaires n'est que peu marquée (les épaulettes étoilées sont d'ailleurs régulièrement laissées au fond du sac) et les professionnels se partagent la gestion du cellulaire. En deux mots, les différents membres du personnel pénitentiaire gèrent ensemble les ailes sur lesquelles ils sont affectés : ils répondent aux demandes des détenus et ils amorcent les mouvements en ouvrant les cellules. Ici aussi, c'est la souplesse qui prime : les échanges entre détenus sont tolérés, les sorties de cellules pour téléphoner sont régulièrement autorisées en dehors des heures prévues... L'économie d'énergie et le souci de rendre le travail plus confortable prennent le dessus sur les considérations sécuritaires : les grilles sont très régulièrement laissées ouvertes, les clefs sont déposées sur le bureau (à la portée de tous), et les éclats de rire sont nombreux. La visibilité et l'ouverture des espaces permettent également d'adapter les pratiques professionnelles : le trousseau de clefs peut être

14. Les notes de terrain présentées dans le texte sont tirées d'un journal ethnographique tenu quotidiennement. Elles ont été remaniées et agencées *a posteriori* afin d'offrir une lecture cohérente du matériau récolté. Des extraits d'entretiens sont également mobilisés.

jeté au collègue de la section inférieure, les agents s'entraident d'un simple appel ou d'un coup d'œil ou ils taquinent le chef de quartier en lui jetant des boulettes de papier.

Comme de coutume, je prends mon café matinal au sein de la cellule du servant d'aile (*i.e.* le détenu en charge du nettoyage des sections). Deux détenus travailleurs qui passent par là nous rejoignent. Un agent vient fumer sa cigarette dans la cellule, expliquant qu'il a « la flemme » de se rendre au fumoir... Je me rends ensuite sur une autre section afin d'effectuer un entretien.

11h30, l'heure de la distribution des repas. Avec un agent, je guette le retour des chariots vers la cuisine en espérant pouvoir récupérer – illégalement ! – une assiette. Je vais ensuite manger ma pitance au sein du réfectoire du personnel. Pendant le temps du repas et de la digestion, la zone de détention est totalement désertée par le personnel pénitentiaire qui se retrouve au mess ou au fumoir, hauts lieux de socialisation. Les lampes d'appel actionnées par les détenus sont ignorées et un silence quasi-monacal envahit la détention. J'en profite pour m'isoler sur l'escalier d'une section afin de remplir mon journal de terrain. Un détenu m'appelle à travers la porte de sa cellule. Il est puni en régime cellulaire strict ; pourtant le guichet de sa porte est ouvert. Il m'explique que les agents l'ont laissé ouvert afin qu'il puisse discuter avec les autres, malgré sa punition. Il me propose un verre de thé que nous partageons, séparés par la lourde porte.

Cet après-midi, je décide de suivre deux détenus qui travaillent à l'atelier et s'occupent des menus travaux et de la manutention de la prison. Après avoir débouché un WC à l'annexe psychiatrique, nous traversons le cellulaire vers l'atelier. L'attente pour une ouverture de grille semble longue. Les détenus me font un clin d'œil et passent par un raccourci qui leur est interdit. Un agent remarque la manœuvre et agite un doigt désapprobateur en souriant. Plus tard, de leur propre initiative (et parce que la météo s'y prête), les détenus travailleurs décident d'aller tondre le jardin qui sert de cour de promenade aux détenus de l'aile D. L'agent technique nous ouvre le chemin de ronde. Je me retrouve donc, en compagnie des deux détenus, à l'extérieur de l'établissement. Seul un mur nous sépare de la rue. Un détenu me montre une échelle en rigolant... Nous cueillons quelques fraises des bois que nous dégustons appuyés contre ce mur d'enceinte, dernier rempart face au monde libre. Une fois la tondeuse récupérée dans les caves et la porte d'accès au jardin de l'aile D déverrouillée par un agent, nous tondons la pelouse. Le travail terminé, nous nous retrouvons coincés. En effet, l'agent est reparti en fermant la porte. Nous prenons donc un bain de soleil en attendant son retour, près d'une heure plus tard. Ma journée se terminera par une partie de poker endiablée avec trois détenus, tandis qu'une agente pénitentiaire commente le jeu...

Cet extrait du journal de terrain donne à voir l'ambiance, souvent qualifiée de « familiale », qui semble s'être installée pour pallier la vétusté et les failles sécuritaires de l'établissement : cette atmosphère se caractérise notamment par un calme relatif et une sécurité active fondée sur le contact, le dialogue, la négociation, ainsi que par la création de liens entre agents pénitentiaires et détenus. Les pratiques professionnelles et les usages reclus dans l'espace de détention semblent délestés de formalisme. Les ajustements spatiaux sont nombreux : gestion des flux « au *feeling* », mouvements spontanés, élargissement des espaces de circulation, itinéraires différenciés, lieux de socialisation, liberté d'action...

Quelques cent vingt années plus tard, en 1996, dans un contexte de remise en cause des institutions pénales, notamment suite à l'affaire Dutroux, le Conseil des Ministres prend la décision de construire une nouvelle prison, une « prison modèle ». La prison de Titalium est ainsi ouverte en 2002. Il s'agit d'une maison de peine accueillant uniquement des condamnés définitifs. Isolé géographiquement, cet établissement comporte quelques 400 cellules prévues pour un régime cellulaire individuel (chaque section comportant tout de même une cellule trio). Ainsi, 420 détenus sont incarcérés à la prison de Titalium. Il s'agit d'un des seuls établissements pénitentiaires à ne pas souffrir de surpopulation en Belgique. A première vue, la structure générale du bâtiment ressemble fortement à la prison de Verrouville, dans des proportions toutes différentes [15]. Néanmoins, d'un point de vue architectural, des différences notables distinguent les établissements. D'abord, le cellulaire n'est plus la partie centrale du bâtiment. En effet, l'espace de détention constitue la dernière zone de l'établissement, au bout d'un couloir principal sur lequel se greffent les divers services : la direction, le greffe, le pôle médical et psycho-social, les salles d'activités, le service technique, les cuisines, le complexe sportif et les ateliers. De plus, l'entièreté de l'espace est davantage fractionnée et « séquencialisée » que dans la prison de Verrouville. En conséquence, les circulations au sein du bâtiment sont minutieusement orchestrées par des sas et des détours obligés. Afin de régler ces mouvements, quatre postes de commandes actionnent les ouvertures de grilles et de portes (*cf.* illustration n°2), à l'inverse de la prison de Verrouville qui n'en comporte qu'un [16]. Cette hypersectorisation des espaces est une caractéristique importante du bâti et constitue la seconde grande différence avec la prison de Verrouville. De fait, chaque section de la prison de Titalium est cloisonnée, tant en verticalité qu'en horizontalité. Dès lors, chaque agent pénitentiaire se voit attribuer un poste bien défini dans un lieu précis, souvent loin de ses collègues. Chaque section jouit donc d'une relative autonomie, et la répartition des détenus s'opère par étage. Au rez-de-chaussée se trouvent une section de détenus en observation ou en punition, ainsi que deux sections fermées. Au premier étage, trois sections fermées. Au deuxième se trouvent les détenus qui travaillent aux ateliers en journée et au troisième étage, les autres détenus travailleurs (service technique, cuisine, bibliothèque, nettoyage...). Les détenus travailleurs (des deux derniers paliers) bénéficient d'un régime de « portes ouvertes » d'environ deux heures en fin de journée.

15. Aux différences citées ici, qui ne concernent que l'espace interne des prisons, il faudrait ajouter, d'abord, l'implantation géographique : la prison de Verrouville se situe en pleine ville, et la prison de Titalium est isolée en campagne loin de toute habitation. Pour une analyse de l'implantation géographique des prisons, voir : Combessie Ph., *Prisons des villes et des campagnes. Étude d'écologie sociale*, Paris, Les Éditions de l'Atelier, 1996.

16. Volontairement, nous faisons ici abstraction de la zone "portier" qui comporte son propre poste de commandement dans les deux établissements.

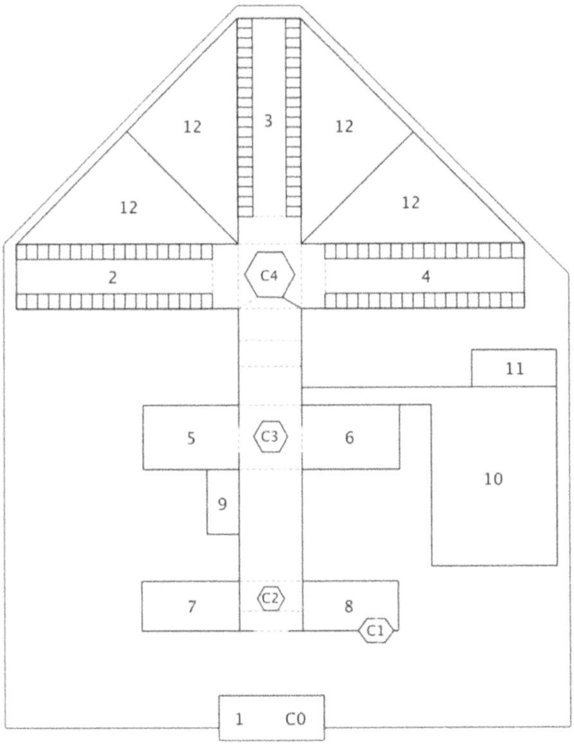

1. Portier
2. Aile A
   (quatre sections cloisonnées)
3. Aile B
   (quatre sections cloisonnées)
4. Aile C
   (quatre sections cloisonnées)
5. Service technique
   (rez-de-chaussée)
   Service psychosocial
   et médical (1er étage)
6. Cuisines (rez-de-chaussée)
   Zone d'activités (1er étage)
7. Salle de visites
8. Réception détenus
   (rez-de-chaussée)
   Direction (1er étage)
9. Greffe (1er étage)
10. Ateliers
11. Salle de sport
12. Cours de promenade

C0. Poste de commande (zone portier)
C1. Poste de commande général (PCI)
C2. Poste de commande (zone réception)
C3. Poste de commande (zone « médico »)
C4. Poste de commande (zone de détention, poste dupliqué sur deux étages)

Les pointillés gris représentent les grilles principales (elles sont dupliquées à chaque étage)

Illustration n°2. Prison de Titalium (Environ 60 000 m² au sein du mur d'enceinte)

Dans la prison de Titalium, et conformément à la volonté politique, l'infrastructure vise une sécurité (passive) optimale : imposant système de caméras, procédures précises en cas d'incidents avec possibilité de repli dans certaines zones de contrôle, appareillages techniques de contrôle des flux...

Si, par une vue aérienne, les complexes semblent donc pensés sous un même mode – la construction en « étoile » –, la conception spatiale interne est très différente. Il s'agit, en quelque sorte, d'une forme de « Ducpétiaux revisité ».

Aujourd'hui, cette prison est considérée comme un modèle, une prison-école où de nombreux surveillants stagiaires font leurs premières classes. Cependant, elle est parfois décriée par les professionnels qui y travaillent ou y ont travaillé, et par les détenus qui y purgent ou y ont purgé leur peine, pour son caractère déshumanisant et son cadre de travail stressant.

Extraits de terrain (Prison de Titalium)

Quelques mois après la prison de Verrouville, je mène des observations au sein de la prison de Titalium. Alors que j'étais habitué à effectuer une centaine de mètres depuis la gare la plus proche pour rejoindre l'établissement de Verrouville, je dois maintenant veiller à ne pas rater le bus spécial « prison » qui ne passe que trop rarement. Au beau milieu des champs, face à d'anciennes forges, siège l'imposant bâtiment pénitentiaire. Il est 5h37 lorsque je rentre dans l'établissement. Je passe par l'entrée destinée au personnel. Pour faciliter mon entrée dans l'établissement et éviter de devoir toujours passer par l'entrée visiteurs – plus contraignante tant pour le personnel du portier que pour moi –, je suis en effet autorisé à pénétrer par cette voie. Je passe les détecteurs de métaux (le contenu de mon sac est observé minutieusement, d'abord via les rayons X, puis directement à l'œil) et je salue les hommes en poste dans la zone. Ils sont six ; je ne connais le visage que de la moitié d'entre eux et le prénom d'un seul. De nombreux agents effectuent leur stage au sein de cette prison souvent considérée comme prison-école, et présentée comme un modèle. Après la zone du portier, je rentre dans le bâtiment principal. Il ne m'aura fallu pas moins de treize minutes pour atteindre le cellulaire depuis mon arrivée. Les membres du personnel de surveillance de la première équipe de jour, qui commencent leur service dans quelques minutes, s'amassent au fond du couloir principal. Cela fait maintenant plus d'un mois que je circule dans l'établissement, et pourtant je ne reconnais pas tous les visages, et ne retiens presque aucun prénom. La feuille des postes annonce un effectif total de 365 agents ; nous sommes loin de ce que j'ai connu dans la prison de Verrouville (quelques 160 agents, dont un nombre non négligeable en « congé maladie » prolongé). Un gradé pénitentiaire descend de son bureau et rejoint le groupe pour effectuer l'appel. A l'entente de leurs noms, les agents signalent leur présence et reçoivent l'attribution de leur poste. L'appel est très procédural et les enfantillages exclus, à la différence de la prison de Verrouville où le rire, les imitations et autres moqueries faisaient partie intégrante du rituel de l'appel. Chaque agent rejoint ensuite son poste. Ils effectuent l'appel des détenus de leur section et le transmettent au chef de quartier (qui se trouve dans son bureau, un par étage autour de l'anneau central). Une fois le « stock » de détenus vérifié, la journée peut commencer.

Je choisis de passer la matinée au rez-de-chaussée. Les agents discutent d'un détenu qui doit arriver ce matin, il est transféré d'une autre prison. Ils refusent de m'en dire davantage car le détenu est considéré comme extrêmement dangereux, et je comprends que son transfert fait débat. Je décide alors de rester avec eux pour attendre cette arrivée redoutée. Dans l'attente, j'observe. Force est de constater qu'il n'y a pas de place à la spontanéité dans les circulations au sein du cellulaire. Pour ma part, mes choix de déplacements sont relativement stratégiques. En effet, je connais ma destination lorsque je me déplace (et ne peux donc plus « errer » comme dans la prison de Verrouville), et je calcule mon itinéraire (pour ne pas me mettre les agents des postes de commandes à dos en demandant des ouvertures de grilles intempestives). Les va-et-vient des agents pénitentiaires et des détenus sont aussi minutieusement réglés. Pas de place aux pérégrinations. Les circulations doivent être rapides, mais surtout sécurisées (*cf. infra* : le cas des escaliers). Lors des mouvements collectifs (allers et retours en cours de promenade ou aux ateliers), les autres circulations (visites, bibliothèque, service social...) sont interrompues. Selon le jargon, la détention est « gelée ».

Une paire d'heures plus tard, le détenu transféré est annoncé à la réception. Quelques hommes se préparent en renfort afin de l'escorter jusqu'à sa cellule. Les agents me demandent de me tenir à l'écart. Lorsque ce détenu m'aperçoit, encadré par six agents, il s'exclame : « Hey, David ! Comment tu vas, ma biche ? ». Les agents me regardent d'un drôle d'œil. Mal à l'aise, j'explique que j'ai rencontré cet homme à la prison de Verrouville. Mais je sens qu'ils ne comprennent pas cette familiarité affichée. J'attends l'équipe de l'après-midi pour effectuer un entretien avec ce détenu. Lors de la discussion, il m'explique qu'il ne comprend pas sa situation. Il a été transféré pour raisons disciplinaires – il entretenait une relation avec une agente de la prison de Verrouville. L'entretien est régulièrement interrompu par le bruit du guichet qui annonce le regard de l'agent au travers de la porte. De plus, je dois sortir à plusieurs reprises de la cellule (lors des appels ou de la distribution des repas). Nous sommes loin du contexte d'entretien dont je jouissais à la prison de Verrouville, dans laquelle j'ai même été oublié pendant plus de six heures dans une cellule qui avait été verrouillée par inadvertance.

Je sors définitivement de la cellule car un détenu « spécial » doit être déplacé, et la détention « gelée ». Il est appelé par le service médical et l'agent en charge des circulations – c'est son seul rôle – ordonne le bouclage de la prison ; la vie de la détention ne reprendra qu'après l'annonce d'un « retour à la normale ».

Les extraits de terrain montrent l'orientation sécuritaire que prend l'organisation de la détention. L'infrastructure est destinée à offrir une sécurité maximum, et les lieux sont utilisées de la sorte : verrouillage des accès, utilisation des sas, circulations optimisées... Un agent (le « chef circulations ») reçoit la tâche unique de coordonner, en se synchronisant avec les centres de commandes, les divers mouvements au sein du cellulaire. Cette quête de sécurité se traduit également par un important recours à la technologie : caméras, serrures à double mécanisme, ouverture des grilles à distance, tourniquets permettant la gestion des flux...

Le paradoxe de la modernisation carcérale

Il est important de noter que les profils des acteurs des deux détentions que nous venons d'esquisser sont relativement comparables. En termes de population pénale, il s'agit des mêmes individus (certains ont d'ailleurs été transférés d'une prison à l'autre). Notons tout de même que la prison de Titalium n'est destinée à contenir que des détenus condamnés, alors que la prison de Verrouville accueille également des prévenus et des internés. Cette différence a une influence sur l'occupation des lieux : l'aile destinée aux prévenus de la prison de Verrouville est fortement surpeuplée, et les pratiques de collusion et/ou de connivence (échanges licites ou non, discussions...) sont *a fortiori* plus aisées et répandues. S'agissant du personnel pénitentiaire, nous retrouvons également le même type de personnes à quelques exceptions près. La prison de Verrouville souffre d'un taux d'absentéisme très légèrement supérieur en comparaison à la prison de Titalium qui, par son statut de « prison école », accueille davantage de stagiaires entraînant une rotation plus importante du personnel pénitentiaire. Ces différences, ramenées à la même échelle, sont infimes. Ce sont davantage les proportions qui contrastent : les agents de la prison de Verrouville se connaissent tous et affichent une certaine proximité (dans et en dehors de l'établissement), tandis que les agents de la prison de Titalium ne connaissent souvent que leurs collègues directs (en terme de lieu de travail et/ou d'horaire) tout en maintenant des relations de courtoisie, parfois de querelles, aves les collègues des autres brigades [17].

Malgré l'importance de ces distinctions, il nous paraît important, dans le cadre de cette analyse, de maintenir une lecture plus strictement interactionniste de l'utilisation des espaces au sein des détentions. Ce choix permet d'isoler arbitrairement et artificiellement les usages des lieux par les acteurs de leurs trajectoires individuelles et de la structuration des groupes en présence. Conscient de cette limite, nous analyserons ici uniquement ce qui nous a été donné à voir : les pratiques des uns et des autres *in situ*.

Ainsi, et dans la perspective d'expliquer le paradoxe de la modernisation carcérale, nous allons, en quelques points, décortiquer la manière dont les espaces modèlent les usages des lieux et font qu'une prison désuète et vétuste est préférée par la quasi-totalité des acteurs *intra-muros*, d'un côté et de l'autre des grilles, à une prison récente et présentée comme un modèle par l'administration et les responsables politiques.

La question du confort et de l'humanisation de la prison, chère aux politiques, est reléguée au second plan à l'intérieur des murs. En effet, les questions de l'amélioration des conditions de travail et de la normalisation des conditions de détention sont régulièrement mises en avant lors des décisions d'extension du parc pénitentiaire. Sur un plan strictement ergonomique et matériel, les prisons récentes gagnent ce pari en offrant un cadre de travail et de vie plus confortable. Les agents de la prison de Titalium possèdent leur propre bureau (une pièce pouvant être fermée) sur chacune des sections, alors que ceux de la prison de Verrouville ne jouissent que d'une table au beau milieu du couloir des ailes de détention. Les cellules de la prison de Titalium sont munies d'un coin privatif avec lavabo et toilette et une salle de douches et prévue au sein de chaque section. La prison de Verrouville n'offre que six douches pour l'ensemble de la détention (dont quatre sont fonctionnelles). Pourtant, à Titalium, les professionnels expliquent se sentir isolés dans leur bureau. Ils n'ont que peu de contacts avec leurs collègues et avec leur hiérarchie. Ils ne quittent que rarement la section qui leur est attribuée. Dans leurs propos, ce sont principalement des histoires de ragots et de concurrence qui apparaissent. Pour les détenus, le confort matériel est également secondaire. Ils racontent que la flexibilité et le fait de se sentir considérés priment sur toutes les autres considérations. Dans les discours et dans les gestes, nous remarquons aisément que les détenus et les travailleurs semblent apprécier davantage ce qu'ils appellent une « ambiance », plutôt qu'un cadre de vie ou de travail sain, sécuritaire et confortable.

17. Pour une approche sociologique de la socialisation des agents pénitentiaires (pour la situation française), voir : Chauvenet A., Orlic F., Benguigui G., *Le monde des surveillants de prison*, Paris, Presses universitaires de France, 1994.

Revenons ensuite sur l'agencement général de la détention. Les deux établissements sont structurés en forme de croix : trois ailes de trois ou quatre sections ainsi qu'un couloir principal rejoignent un rond-point central où se situe un poste de commandes. À l'intérieur des murs, l'usage et l'occupation de ce rond-point sont très différents. Dans la prison de Verrouville, l'anneau central concentre et rassemble les acteurs en quelques mètres carrés : les appels sont effectués en ce lieu, le fumoir y est accolé, tous les détenus et les agents transitent par cet endroit et s'y attardent souvent... Le centre de la prison de Titalium est totalement différent car la règle veut que la zone soit dégagée. Dès lors, il ne s'agit que d'un lieu de passage – et de franchissement individuel qui plus est. L'espace du rond-point central est ici à la fois étendu et segmenté. La taille et l'opacité du centre de commandes (qui en contient deux en réalité) bouche la vue et empêche la discussion de deux acteurs qui se trouveraient en deux points opposés. L'anneau central est également coupé en verticalité, agents et détenus évoluant sur quatre paliers différents. Seuls deux escaliers (qui empêchent également les contacts, nous y reviendrons) permettent de transiter d'un étage à l'autre.

Les configurations de ce centre névralgique, *mutatis mutandis*, révèlent donc deux visions contrastées de la détention ; d'un côté une logique relationnelle dans laquelle le contact est valorisé, de l'autre une rationalité sécuritaire entraînant des circulations optimisées en termes de temps et de limitations des contacts. De ces cohérences internes découlent deux atmosphères distinctes. Tant les détenus que les agents pénitentiaires de la prison de Verrouville évoquent une « ambiance familiale » en parlant de la sociabilité qui existe dans et entre les groupes en présence (le tutoiement est d'ailleurs la norme). Dans la prison de Titalium, les personnes incarcérées racontent plus volontiers les querelles entre codétenus. Il en va de même pour les agents qui expriment souvent les ragots et disputes entre collègues. Les interactions apparaissent, de fait, beaucoup plus superficielles et moins confidentielles ; le vouvoiement est de rigueur.

Le cloisonnement spatial, la segmentation des lieux, le retranchement technologique (les agents étant de moins en moins en contact direct avec les détenus) et la sophistication du contrôle déshumanisent la détention. La sécurité ainsi mise en place ne rassure pas le personnel pénitentiaire qui ne travaille plus que face au risque, et ce d'une manière formalisée en se protégeant derrière des procédures définies et des gestes répétés. Cette conception essentiellement fonctionnelle de l'espace de la détention se cristallise dans l'emplacement et l'usage des escaliers. Le cellulaire de la prison de Titalium ne contient que deux escaliers. Il s'agit de colimaçons entourés d'une gaine grillagée percée à chaque étage. Ces escaliers sont placés autour de l'anneau central. Les agents en place au sein du double poste de commandement ont ainsi toujours l'œil sur les détenus qui montent ou descendent. De surcroît, l'escalier Ouest est uniquement destiné aux circulations descendantes, et le colimaçon Est aux déplacements ascendants. Tout est fait pour assurer une circularité sécurisée des mouvements, en limitant le contact.

Ainsi, dans la prison de Titalium, c'est la règle à la lettre qui prime : peu de marges de manœuvre hors de ce qui est strictement autorisé ou défendu. La prison de Verrouville est davantage régie par l'infradisciplinaire et ce qui semble « être de bon sens », entraînant parfois des actions difficilement justifiables légalement mais acceptées de tous. Ainsi, un détenu éclairait notre étonnement face à son attitude suite à un passage à tabac violent : « Je préfère me faire tabasser une fois par mois parce que j'ai insulté un chef et qu'il me serre la main les autres jours, plutôt que de me faire traiter comme un chien à qui on jette sa gamelle 365 jours par an ». Il s'agit là du paradoxe de la modernisation carcérale.

Du paradoxe à l'ambivalence

Avec une première lecture comparative des détentions de deux prisons d'époques éloignées, nous pouvons approcher une forme de compréhension de la situation des acteurs en détention et concevoir ainsi le fait qu'une vieille prison soit appréciée dans sa vétusté et sa flexibilité et qu'un établissement récent soit rejeté *intra-muros* pour son caractère stressant et déshumanisant. Cependant, un second niveau de lecture permet de déceler l'ambiguïté interne qui règne au sein de chacune de ces détentions et qui, dans un cas, permet de rendre la détention supportable (prison de Verrouville) ou, dans l'autre, engendre un sentiment d'insécurité et/ou d'abandon (prison de Titalium).

Prison de Verrouville : entre flexibilité des pratiques et rigidité du système

La souplesse apparente et l'ambiance « familiale » de la prison de Verrouville entrent en contradiction avec la rigidité intrinsèque du système carcéral. Le point de rupture apparaît dans la formalisation des demandes ou dans la nécessité d'encadrer plus fortement certains mouvements collectifs. De cette contradiction entre un quotidien relativement ouvert et flexible (l'ambiance familiale) et un système rigide et procédural naît une double question fondamentale. Pour les professionnels d'abord : comment instaurer un cadre sécuritaire (et souvent segmentant) au sein d'un quotidien ouvert spatialement et socialement ? Pour les détenus ensuite : comment évoluer dans un système combinant proximité avec les agents et procédures complexes ?

Parallèlement aux extraits de terrain proposés, un quotidien plus strict que celui présenté plus haut peut être décrit. Tout d'abord, une série de mouvements en groupe – les allers et retours aux préaux ou à la visite – rythme les journées. Ces mouvements, qui regroupent souvent une quinzaine de détenus, sont très formalisés : les détenus sortent de cellule section par section, ils sont fouillés par palpation et sont envoyés en promenade ou en visite. Le retour des visites s'effectue par paires et les détenus sont fouillés à nu avant de réintégrer leurs cellules. Il est important de noter que les fouilles – par palpation (au beau milieu des ailes) ou à nu (dans les douches) – sont les seuls lieux de contacts physiques institutionnalisés entre détenus et professionnels (hormis les rares interventions). Ces moments sont régulièrement ponctués de frictions ou de tensions. Par exemple, le détenu et l'agent qui remplissaient ensemble la grille de sudoku se retrouvent pour une fouille à corps à la suite d'une visite. Le détenu, estimant que l'agent effectuait la fouille avec trop de zèle (notamment en écartant les jambes dénudées à l'aide de ses bottines), montre son mécontentement et refuse la fouille à nu en criant : « si tu me touches, je te touche ! ». Après l'arrivée de renforts dans les douches étroites, une intervention musclée permet d'envoyer ce détenu en cellule nue. Et, selon l'expression consacrée, « ce qui se passe au cachot reste au cachot » [18].

Comme dans ce cas, les multiples décisions des professionnels de l'administration pénitentiaire, à tout niveau hiérarchique, révèlent souvent une utilisation de l'espace comme sanction ou comme gratification. Les « punitions », formelles ou informelles, font presque toujours usage de l'espace comme forme de sanction : mutation de section, fouilles sales de cellule (l'agent laissant derrière lui une cellule sens dessus-dessous), bouclage de section, mise à l'isolement... Ainsi, le détenu qui discutait au travers de la porte de cellule était placé en régime cellulaire strict pour une durée d'une semaine : une punition *dans* et *par* l'espace. Le lieu de la cellule (ou, à l'extrême, du cachot) devient à la fois l'espace de la punition et le moyen de punir. À l'inverse, les détenus « méritants » se voient offrir un champ d'action élargi, notamment par des propositions de mise au travail. En effet, la très modeste rémunération ne constitue pas l'unique motivation des détenus qui acceptent les postes de travailleurs. L'espace et la liberté de mouvements dont ils bénéficient renforcent l'attrait de ces postes, et les hiérarchisent : les servants peuvent se mouvoir dans leur aile, tandis que les travailleurs du service technique jouissent d'une liberté relative sur toute la surface du bâtiment (jusque dans les caves ou le chemin de ronde). Du côté du personnel pénitentiaire, une série de réflexes professionnels consiste à éviter les possibilités de déplacements des détenus, ou à protéger certains espaces propres. Par exemple, si la plupart des grilles peuvent rester ouvertes pendant de longs moments, elles sont parfois fermées au nez et à la vue des détenus qui s'approchent ; pour « leur rappeler qu'ils ne sont pas chez eux » et qu'« ici, c'est nous qui décidons » explique un agent. Dans une même logique, les agents intiment parfois aux détenus d'avancer plus rapidement lorsqu'ils passent devant le fumoir, la petite pièce enfumée étant un haut lieu de rigolade et où l'on « règle ses comptes » ou casse du sucre sur le dos de la hiérarchie ou des détenus « gênants ».

18. Après quelques semaines d'observation et de présence intensive au sein de l'établissement, le chercheur a même été convié à observer le rituel du passage à tabac au cachot. Cette intégration du chercheur souligne à la fois la banalité de ces gestes, mais également leur normalité assumée.

Du côté des détenus, l'usage de l'espace de détention cristallise également une série d'enjeux cruciaux. Certains groupes sont bannis dans des espaces de relégation : la 9ème section destinée aux détenus « code 5 » (souvent incarcérés pour faits de mœurs, ou « en protection ») est un exemple frappant. Ceux qui descendent de la 9ème section sont la cible de moqueries ou d'affronts divers de la part des détenus mais également des agents (refus de serrer la main, raclements de gorge...). Autre exemple : en revenant de l'annexe psychiatrique avec les détenus travailleurs, un agent nous interpelle en ces termes : « Alors les gars, on se marre bien à Gogolville ? ». Au sein même des sections, des stratégies de conquête spatiale peuvent être observées. Par exemple, les détenus optent pour des « planques » hors cellule afin de cacher leur téléphone et d'anonymiser l'appareil en cas de perquisition. Ainsi, durant la partie de poker décrite plus haut et qui monopolisait l'attention du personnel de surveillance, un détenu aura eu l'opportunité de récupérer son téléphone afin de consulter ses messages...

Ce second niveau de description du quotidien à la prison de Verrouville nous permet de remarquer que l'espace n'est pas qu'un environnement de travail ou de vie ; les lieux d'exercice et d'usage ne sont pas seulement des éléments de contextualisation. D'une part, le travail des agents pénitentiaires est structuré, voire rigidifié, par une fragmentation et une segmentation des espaces, et par une utilisation de la cellule, des sas, des grilles... D'autre part, le mythe de l'autodiscipline des détenus (qui attendent sagement derrière des grilles ouvertes, ne franchissent pas le mur d'enceinte pourtant à portée ou balaient le parking de la prison sans s'évader) est contrebalancé par des stratégies d'utilisation subversive de l'espace autorisé (trafics, inversion de pouvoir, planques...).

Prison de Titalium : entre quête de sécurité et isolation

La description du fonctionnement de la prison de Titalium illustrait la surutilisation de l'espace comme mécanisme de protection : la fermeture est la règle et l'ouverture toujours brève, les possibilités de regroupement et/ou de manœuvre sont limitées, les agents sont contraints de rester à leur poste durant leur service... Cette situation engendre ainsi un sentiment d'isolement de tous les acteurs de la détention. Même s'il s'agit plus d'un effet secondaire de la conception des lieux que d'une réelle ambivalence, ce décalage illustre tout de même la manière dont des espaces conçus dans une visée particulière façonnent les usages des lieux.

Cette architecture pénitentiaire – fortement inspirée dans sa structure des modèles dessinés et réalisés par Ducpétiaux mais adaptée aux injonctions sécuritaires actuelles : évitement des émeutes et donc des regroupements, limitation des possibilités d'évasion par le recours aux outils de sécurisation passifs... – utilise comme principal outil de contention l'hypersectorisation des espaces [19]. Les divers services sont excentrés, l'espace du cellulaire est découpé tant en verticalité qu'en horizontalité, les mouvements sont minutieusement calculés et régulièrement interrompus... Les détenus ne se côtoient que dans les espaces où ils sont censés se côtoyer (salle de sport, cour de promenade, ateliers...). Même dans ce cas [20], ils sont sélectionnés (en fonction de leurs demandes, notamment d'activités) et triés (par sections, notamment). Les cours de promenades sont, par exemple, divisées en quatre parcelles qui accueilleront chacune les détenus d'un seul étage (la répartition au sein des cours est fixée aléatoirement – l'aléatoire étant parfois stratégique – chaque jour).

Les professionnels sont également isolés. Ils maintiennent le poste qui leur a été attribué et ne se déplacent que rarement (et pour une durée très limitée). Les agents restent donc au sein de leur section, sauf pour effectuer les fouilles lors des promenades ou à l'heure des appels où ils rejoignent le bureau du chef de quartier. Ces derniers ne quittent que rarement leur bureau, et presque jamais leur étage. Le personnel plus haut gradé ne s'aventure dans la zone de détention que lors d'événements particuliers (escorte d'un membre de la direction, mise au cachot...). Il n'existe donc aucun lieu de socialisation collective au sein de l'établissement : le fumoir se situe au dernier étage de l'établissement (étage technique), qui n'offre pas un cadre très accueillant, et le mess se trouve dans la zone du portier (au point le plus éloigné du cellulaire) et n'est que peu ou pas du tout investi.

Pour reprendre l'analyse foucaldienne [21], la discipline, d'un côté de la grille comme de l'autre, est produite par cet espace et l'utilisation qu'il suscite. Pour le personnel, hors de question de laisser un espace « vide » s'il n'est pas bouclé. Pour les détenus, impossible de circuler d'un espace à l'autre sans être sous surveillance, ou sans être « encloisonné » dans un sas.

Le contraste entre les deux établissements apparaît clairement dans la manière, pour les détenus, d'énerver les agents pénitentiaires. Au sein de la prison de Titalium, les détenus qui désirent ennuyer les agents ne referment pas les grilles après leur passage, forçant ainsi les agents à courir pour refermer l'ouverture créée et assurer la sécurité de l'endroit. Ces comportements valent régulièrement un rapport disciplinaire au détenu. À l'inverse, dans la prison de Verrouville, le personnel peste contre les détenus qui referment sciemment

19. Pour une approche de cet aspect et pour une analyse géo-architecturale plus globale du paysage institutionnel carcéral français, voir : Milhaud O., « Séparer et punir. Les prisons françaises : mise à distance et punition par l'espace », Thèse de doctorat en géographie, Université Michel de Montaigne Bordeaux 3, Laboratoire ADES-TEMPOS UMR 5185 CNRS, 2009.
20. Le cas des ateliers mériterait une analyse particulière car ces zones regroupent des détenus de sections différentes et constituent ainsi un espace très singulier. Cependant, dans le cadre de cette analyse, nous ne nous attarderons pas sur ce cas précis dont nous pensons qu'il n'invalide pas notre interprétation.
21. Voir : Foucault M., *Surveiller et punir. Naissance de la prison*, Paris, Gallimard, 1975.

les grilles. En effet, les agents sont alors contraints d'appuyer sur le bouton de demande d'ouverture et d'attendre la réaction de l'agent du poste de commande. Autrement dit, la fluidité est ici préférée à la quête de sécurité, tandis que la prison de Titalium symbolise au contraire la matérialisation de la gestion stratégique d'une population potentiellement dangereuse.

Production spatiale d'un ordre interne singulier et reproduction de l'institution pénitentiaire : l'ambivalence répétée du système carcéral

Cet article met en exergue, par deux exemples singuliers de constitution d'un ordre social carcéral particulier, les pratiques spatiales communes – mais bipolarisées : détenus d'un côté, agents pénitentiaires de l'autre – et la production d'un ordre interne, fruit d'un compromis en vase clos.

La prison de Verrouville, entre adaptation à la décrépitude et fruit d'une histoire ancienne, montre des pratiques (tant professionnelles que recluses) qui semblent parfois figées dans le passé, des ajustements influencés par les murs et les usages qu'ils préconisent. En évoquant l'architecture de Ducpétiaux, M.-S. Dupont-Bouchat écrivait : « qui veut la séparation, ne peut vouloir en même temps le cellulaire » [22]. Dès lors, l'espace créé par l'utopie cellulaire (dans une logique présupposée d'isolement et de coupure) est le théâtre, dans le quotidien des usages et de l'expérience, de pratiques réelles de collusion et de regroupement, d'utilisations détournées des lieux, d'ajustements de tous et de chacun. Par ailleurs, la majorité des détenus et des travailleurs disent préférer la prison de Verrouville aux établissements pénitentiaires récemment construits en Belgique (notamment la prison de Titalium). Ce paradoxe de la modernisation carcérale s'explique, en partie du moins, par l'adaptation des pratiques face aux espaces surannés et à une structure jugée obsolète. Ce qui rend la prison de Verrouville supportable, c'est justement sa vétusté ; car celle-ci offre des failles et permet (tout en légitimant) une utilisation détournée des espaces, tant par les travailleurs que par les usagers de l'institution, contrairement à d'autres prisons.

La prison de Titalium, construite il y a quelques années, reprend les grandes lignes de la conception architecturale de type Ducpétiaux (à savoir, l'illusion d'un panoptisme en étoile [23]), à une échelle doublée et adaptée aux évolutions technologiques de la sécurité passive : une prison de type « Ducpétiaux revisité » qui se devait être un modèle, mais qui est décriée par les détenus et les travailleurs pour son caractère déshumanisant et son cadre de travail stressant. Dans la conception initiale, ce n'est plus la vie recluse qui est recherchée, mais la sécurisation maximale. Les recettes utilisées sont le

22. Dupont-Bouchat M.-S., « Ducpétiaux ou le rêve cellulaire », *Déviance et société*, vol. 12, 1988, p. 11.
23. Voir : Demonchy Ch., « Généalogie de la prison moderne », *Ban public, association pour la communication sur les prisons et l'incarcération en Europe*, 2003 ; et *cf. infra*.

découpage spatial et la rigidité de l'usage des lieux.

Au sein de ces détentions, aussi contrastées soient-elles, nous pouvons retrouver une ambiguïté, une ambivalence (parfois presque une aporie) en filigrane du quotidien. D'un côté, c'est l'adaptation à l'usure qui est contrebalancée par la rigidité du système carcéral lui-même. De l'autre, c'est la rigidité assurant une vision particulière de la sécurité qui entraîne l'isolement des acteurs. Pour revenir sur le paradoxe de la modernisation carcérale, il apparaît que plus l'ambiguïté est paradoxale, plus elle est vivable. Plus le décalage est important, plus la détention « fonctionne » (ou « tourne », pour utiliser l'expression des acteurs) pour les individus entre les murs (mais moins elle « fonctionne » pour l'administration et les personnes extérieures qui y voient une dénaturation du projet pénitentiaire). Un paradoxe pas si paradoxal que ça, en somme. En effet, au sein de la prison de Verrouville, détenus et agents sont conscients de travailler ou de purger leur peine de façon peu adéquate au regard de ce qui est prévu dans la loi ou dans le « projet pédagogique » de la prison. Le fait d'évoluer dans un bâtiment visiblement et notoirement obsolète et suranné légitime leurs actions. Ce n'est pas le cas dans la prison de Titalium, dans laquelle le temps n'a pas encore creusé l'ambivalence...

Post-scriptum : vers le « Ducpétiaux + »...

Pour terminer et ouvrir la réflexion, permettons-nous un détour par les projets actuels de construction de prisons en Belgique, et par l'étonnement qu'ils peuvent susciter en rapport avec les tentatives de mutation du bâti carcéral qui en assurent davantage la répétition. Les esquisses des nouvelles et futures prisons belges font – encore une fois – écho aux premières prisons du Royaume, et à la majorité des vieux établissements pénitentiaires de Belgique (et des récents aussi, par ailleurs). Encore une fois la même recette, appelée par certains architectes « Ducpétiaux + », à une échelle supérieure et adaptée aux technologies nouvelles : un bâtiment en étoile censé offrir une surveillance panoptique dont Ch. Demonchy a montré les limites (l'agent en poste au centre de commandement ne voit que des couloirs vides) [24], des cellules censées séparer et isoler les détenus les uns des autres, des lieux supposés offrir un potentiel d'aménagement et d'appropriation minimal... Selon le constat de Dupont-Bouchat, « les idées passent, mais les bâtiments demeurent » [25]. Or, ce n'est pas parce que les bâtiments demeurent (et sont reproduits) que les idées passent – une rigidité des espaces liée à une historicité encore indépassée, qui implique *de facto* une tension entre pratiques figées et tentatives d'émancipation...

24. Voir Demonchy Ch., *ibidem.*
25. Dupont-Bouchat M.-S., *op. cit.*, p.18.

Chacune de ces réalisations architecturales est la manifestation bâtie, si pas d'un manque de réflexion comme pourrait le laisser entrevoir la répétition des modèles, d'un véritable projet de l'institution pénitentiaire. Partant, elles reflètent un projet de société, mais également l'ambivalence et le paradoxe – l'aporie – du système carcéral. Le modèle « Ducpétiaux » idéalise la vie recluse en omettant l'usage collectif de l'espace de détention, la gestion infradisciplinaire supplantant alors la visée rédemptrice de l'enfermement. Les prisons de type « Ducpétiaux revisité » offrent un cadre ultra sécuritaire tout en isolant socialement les détenus et les travailleurs en leur sein. La protection légale de la société se mue donc en un abandon des acteurs internes de la prison. Les futurs établissements « Ducpétiaux + » remettent l'objectif de normalisation au goût du jour (la prison pensée comme la ville), mais perpétuent la quête de sécurité par la segmentation. L'aporie est donc répétée (mais elle n'est assumée que dans le premier cas) : rendre « meilleurs » – ou plutôt réintégrer socialement des individus, à terme, selon des normes de conduites jugées acceptables – par la contrainte et l'enfermement.

Aujourd'hui, pour l'administration ou pour les politiques, il s'agit donc de trouver de nouveaux registres de légitimation (ou d'en récupérer des anciens) pour justifier l'institution pénitentiaire cellulaire de type « Ducpétiaux + » : l'argument économique (les coûts à court et long termes sont connus), les objectifs de la prison (resocialisation par la mise à l'écart, toujours évoquée même si la faillite de l'institution à été maintes fois démontrée sur ce point), voire l'intégration dans le paysage institutionnel et historique belge (en référence aux villes fortifiées par Vauban avoisinantes, notamment) ou le registre poétique (la prison en forme de « fleur », pour calmer les esprits)... Un responsable haut placé à l'administration pénitentiaire nous faisait part de son pessimisme en la matière : « on utilise de nouveaux matériaux, on fait des baies vitrées ou des fenêtres arrondies, on met de nouvelles couleurs, mais on reste toujours dans le même modèle qui ne fonctionne pas. Mais c'est normal, depuis Ducpétiaux, je n'ai jamais lu une seule réflexion intéressante et profonde sur la manière de construire une prison... ».

Le processus de conception des établissements carcéraux – souvent délégué aux bureaux d'architectes qui y voient (et sont contraints d'y voir, au regard du cahier des charges imposé) un processus d'itération tout en réduisant les coûts à court et long termes – suppose l'investissement dans un modèle de société : le choix d'impliquer ou d'exclure, de « normer » ou d'accepter les individus qui composent le corps social. En effet, penser les lieux d'incarcération – voire leur abolition – consiste à façonner les manières de traiter les personnes condamnées par la justice pénale à une peine privative de liberté. Repenser la prison, c'est avant tout repenser sa matérialité.

Formes et régulations de l'enfermement psychiatrique : de la création de l'asile aux nouvelles unités sécurisées, l'exemple de l'hôpital du Vinatier [1]

Benoît EYRAUD, Delphine MOREAU

Benoît Eyraud est maître de conférences à l'Université Lyon 2, chercheur au Centre Max Weber. Il a notamment publié Protéger et rendre capable. La considération sociale et civile des personnes vulnérables, *Toulouse, Erès, 2013. Il a notamment mené des recherches sur l'hôpital du Vinatier dans le cadre du projet « Lyon Vulnérabilités ».*

Delphine Moreau est doctorante en sociologie à l'Institut Marcel Mauss-LIER à l'EHESS. Sa thèse porte sur le recours à la contrainte en psychiatrie. Elle a notamment publié : « Conjurer la qualification de violence dans l'usage professionnel de la contrainte : le recours à la chambre d'isolement dans un service de psychiatrie », Revue Sociologie/Santé, *n°33, mars 2011 et « Contraindre pour soigner ? Le* care *à l'épreuve de la contrainte dans un service d'hospitalisation psychiatrique », in C. Crignon et M. Gaille (eds.),* Qu'est-ce qu'un bon patient ? Qu'est-ce qu'un bon médecin ?, *Paris, éd. Seli Arslan, 2010.*

En octobre 2011, une Unité pour Malades Difficiles (UMD) [2] a été ouverte dans l'enceinte du Centre Hospitalier du Vinatier dans l'agglomération lyonnaise. Près d'un an plus tôt, le 21 mai 2010, les ministres de la Justice et de la Santé y avaient inauguré la première Unité Hospitalière Spécialement Aménagée (UHSA) [3], que les médias ont baptisée « hôpital-prison ».

---

1. Cet article a été rendu possible par les recherches réalisées dans le cadre de l'ANR « Lyon Vulnérabilités » (ANR – 08 - VULN – 006-001) soutenu par la Mire (convention 08-2656), recherches conduites au Larhra sous la direction d'Axelle Brodiez. Les auteurs remercient tout particulièrement Isabelle von Bueltzingsloewen pour les nombreux échanges stimulants qui ont été à l'origine de cet article.

2. Les UMD sont des services d'hospitalisation psychiatrique distincts des services ordinaires, caractérisés par des dispositifs de sécurité renforcés, mais aussi par un encadrement médical et hospitalier plus important.

L'ouverture de ces nouveaux services symbolise une certaine évolution de la psychiatrie publique française. Elle s'accompagne de nombreuses autres transformations au sein des services d'hospitalisation ordinaires – l'installation de caméras de surveillance, l'aménagement de nouvelles chambres d'isolement, la remise en cause de plus en plus fréquente de la politique de la porte ouverte [4]. Pour un certain nombre d'intervenants en psychiatrie, ces évolutions relèvent d'un « tournant sécuritaire », d'un « nouveau grand renfermement », d'une « trappe psychiatrique » [5] qui les renvoient plusieurs décennies en arrière. Ce tournant est d'autant moins bien vécu que le sens médical de la pratique psychiatrique et le souci de la protection des droits et de la dignité des patients sont régulièrement réaffirmés tant dans des textes législatifs que par différentes recommandations émanant d'autorités publiques et professionnelles.

Ce malaise sur la place de l'enfermement et de la contrainte en psychiatrie, dans lesquels les soucis de soin, de respect des droits et d'ordre public sont mis en conflit, est récurrent. Plutôt que d'interroger à nouveau ces controverses [6], nous souhaitons étudier dans cet article les évolutions des modalités de l'enfermement psychiatrique et de ses régulations : comment est-il assuré en pratique, notamment spatialement ? Quelle place tient-il dans l'organisation du soin ? Dans quelle mesure est-il encadré par le droit et par différentes règles administratives ? Jusqu'où peut-il s'en écarter et pour quelles raisons ? En cherchant à répondre à ces questions, nous entendons éclairer tout particulièrement la manière dont le cadre juridique, administratif ou organisationnel régule [7] l'enfermement psychiatrique.

3. Les UHSA, créées par la loi du 9 septembre 2002 dite « d'orientation et de programmation de la justice », visent à permettre l'hospitalisation dans un service spécialisé de détenus souffrant de troubles psychiques graves.
4. Ces évolutions ont été accentuées suite au discours en décembre 2008 du président de la République de l'époque, Nicolas Sarkozy, au Centre hospitalier d'Antony.
5. La dénonciation de ce tournant « sécuritaire » de la psychiatrie a été particulièrement vive lors des débats autour de la loi du 5 juillet 2011 réformant les modalités de soins sans consentement. Les expressions citées dans le texte sont celles de la pétition : « Si c'est un homme, Appel contre les soins sécuritaires », http://www.solidaires51.org/spip.php?article1246, consultée le 21 juillet 2012.
6. Impulsés pour partie par les ouvrages devenus classiques de Michel Foucault et d'Erving Goffman, de nombreux travaux ont éclairé de manière approfondie les débats sur la question de l'enfermement psychiatrique. Cf. notamment Fenell P., *Treatment without Consent, Law, Psychiatry and the Treatment of Mentally Disordered People since 1845*, London and New York, Routledge, 1996. En France, ce débat s'est beaucoup polarisé sur la spécificité de la loi de 1838 et sur sa remise en cause dans les années d'après-guerre, Cf. Castel R., *L'ordre psychiatrique*, Paris, Éditions de Minuit, 1976 ; Henckes N., « Le nouveau monde de la psychiatrie française. Les psychiatres, l'État et la réforme des hôpitaux psychiatriques de l'après-guerre aux années 1970 », Thèse de doctorat de sociologie, Paris, École des Hautes Études en Sciences Sociales, 2007.
7. Cette approche par les régulations se donne pour objet le niveau intermédiaire, entre normes générales et conduites locales, qui permet d'appréhender la manière dont les règles juridiques sont utilisées, ou non, par les acteurs. Cf. Chazel F., Commaille J. (dir.), *Normes juridiques et régulations sociales*, Paris, LGDJ, 1991.

Dans le moment instituant de la psychiatrie française qu'a été la loi du 30 juin 1838, cette régulation s'est caractérisée par une forme stricte d'interdépendance, un « encastrement » entre trois éléments : l'enfermement dans le lieu de l'asile, le statut juridique spécifique attribué aux personnes qui l'autorise et la thérapeutique médicale. Si cette loi est restée en vigueur pendant près de 150 ans, elle a fait l'objet de multiples contournements pratiques qui désarticulaient et réorganisaient les liens entre ces trois éléments. Elle sera finalement révisée sans que ces liens ne soient entièrement défaits. En restituant l'évolution des pratiques psychiatriques d'enfermement à partir de leur organisation procédurale et spatiale sur plus d'un siècle, nous entendons mettre en évidence la persistance de la contrainte dans l'économie des modes de prise en charge de la maladie mentale. Nous montrerons que cet encadrement juridique ne joue pas qu'un rôle de légitimation de cette contrainte mais également un rôle de problématisation de celle-ci.

Cet article propose d'étudier « l'effectivité sociale » [8] du droit de l'enfermement psychiatrique à travers le cas de l'hôpital du Vinatier, depuis sa création à la fin du XIXe siècle jusqu'à aujourd'hui. Etablissement important de la psychiatrie publique française, de par sa taille, le rayonnement souvent national de certaines de ses figures, ou encore les événements et mouvements sociaux qui s'y sont déroulés, l'hôpital du Vinatier donne à voir de manière exemplaire l'évolution des pratiques d'enfermement sur le temps long, par-delà les arguments développés au cours des controverses qui tendent parfois à recouvrir la réalité de ces pratiques.

Cela nous permet d'aborder à nouveaux frais les tensions normatives de l'action, c'est-à-dire la manière dont les conflits moraux, notamment entre les soucis de soin, de sécurité, de préservation de la dignité des malades, se jouent et se donnent à voir dans les choix pratiques qui sont opérés et les commentaires qui en sont faits par les acteurs.

Notre analyse s'appuie sur l'examen des rapports administratifs et médicaux depuis la création de l'hôpital jusqu'au milieu des années 1990 [9]. Rédigés par le directeur de l'hôpital et par les médecins-chefs de service, psychiatres en charge des unités d'hospitalisation, puis des secteurs de psychiatrie, ces

8. Lascoumes P., Serverin E., « Le droit comme activité sociale, pour une approche weberienne des activités juridiques », in Lascoumes P. (ed.), *Actualités de Max Weber pour la sociologie du droit*, Paris, LGDJ, 1995, pp. 171-193.

9. Ces rapports sont une prescription du règlement des asiles de 1857 qui prévoit que le médecin-chef des services médicaux doit « rédiger un compte général et détaillé et un relevé statistique du service médical pendant l'année précédente », ces documents devant être joints au « compte moral et administratif » qui doit être rédigé par le directeur et remis au préfet après avis de la commission de surveillance. À partir des années 1950, la partie médicale est composée d'un rapport commun de l'ensemble des médecins-chefs et d'un rapport de chaque médecin sur l'activité de son service. Progressivement, d'autres responsables d'unités (pharmacie, assistants sociaux, etc.) sont amenés à rédiger également leur rapport d'activités.

rapports permettent d'avoir accès aux évolutions de l'organisation de l'hôpital, aux données statistiques produites par l'administration pour rendre compte de l'activité hospitalière et du statut des patients, ainsi qu'aux commentaires, justifications et critiques de l'organisation des soins déployés par ces psychiatres dans leur dialogue avec l'administration de l'établissement et plus largement avec sa tutelle étatique.

L'institution de la psychiatrie : l'encastrement du soin, de l'enfermement et du droit

La loi du 30 juin 1838 prévoit dans son article premier que chaque département est tenu d'avoir un établissement « spécialement destiné à traiter et recevoir les aliénés », établissement autorisé à « tenir [renfermées] » les personnes, à condition que leur admission et leur maintien suivent le respect d'une procédure juridico-administrative. Celle-ci se décline sous les formes du placement « volontaire » ou du placement « d'office » [10], pour lesquelles sont définies des conditions (des certificats médicaux notamment) ainsi que des modalités de recours. Ces placements instaurent un statut juridique provisoire pour les aliénés, statut qui implique une restriction tant de leur liberté de circulation que de celle relative à la gestion de leurs affaires mises sous une administration provisoire assurée par l'établissement. Enfermement dans des lieux dédiés, traitement médical et régime juridique spécifique sont ainsi « encastrés » dans ce dispositif de placement. Ce régime juridique a une portée très large. Il autorise l'ensemble des restrictions de circulation ou des limitations se déroulant à l'intérieur du domaine asilaire (comme l'enfermement dans une cellule/chambre ou le fait d'être attaché) - à condition qu'elles respectent le règlement de l'établissement [11].

Dans le Rhône, c'est un hôpital des Hospices Civils de Lyon (HCL) [12], c'est-à-dire un établissement hospitalier non-spécifique, qui est d'abord utilisé pour appliquer cette loi. Ce n'est qu'en 1868 que le département achète un terrain agricole aux portes de la ville pour construire l'asile de Bron, qui deviendra ultérieurement l'hôpital du Vinatier. Comme dans la plupart des asiles du XIXe siècle [13], l'organisation spatiale, caractérisée par son isolement et un ordre interne rigoureux, est conçue pour favoriser l'enfermement des malades (figure 1). Des obstacles (murs, fossés, etc.) séparent l'établissement de l'extérieur, avec une entrée qui fonctionne comme un sas de contrôle. Le

10. Comme son nom ne l'indique pas, le placement « volontaire » est un placement à la demande de la famille de l'interné ; le placement d'office se fait sur décision du représentant de l'État.
11. *Cf.* le règlement intérieur édicté sur le modèle promulgué par le ministère de l'Intérieur en 1857.
12. Les Hospices Civils de Lyon regroupent les différents hôpitaux généraux de la ville de Lyon.
13. Montlibert (de) C., « La production sociale de l'espace construit : de l'asile au secteur psychiatrique », *Regards sociologiques*, n°2, 1991, p.61-80 ; Coldefy M., « De l'asile à la ville : une géographie de la prise en charge de la maladie mentale en France », Thèse de doctorat de géographie, Paris 1 Panthéon-Sorbonne, 2010, p. 134.

domaine de 120 hectares est découpé en deux. En son cœur, une première ceinture cerne les bâtiments hébergeant les malades, qui sont entourés de « sauts de loup » (fossés au milieu desquels est construit un mur de deux mètres, cette disposition permettant à la vue de s'étendre au-delà de la clôture). À l'extérieur de cette ceinture s'étendent de vastes prairies, les bâtiments de l'administration, la ferme agricole, les ateliers, eux-mêmes clôturés par un mur d'enceinte. Le cœur ceinturé est découpé en deux divisions, l'une réservée aux hommes, l'autre aux femmes, divisions organisées en neuf quartiers situés autour d'une vaste cour centrale de forme rectangulaire [14]. Les quartiers donnent sur la même cour mais ne communiquent pas, des murs séparant chaque préau. Le « quartier cellulaire », réservé aux « agités » est lui-même scindé en différents espaces (figure 1) [15]. Il n'y a pas de distinction spatiale dans la prise en charge des personnes qui sont placées « d'office » et celles qui sont en « placement volontaire », la plupart des malades étant alors placés « d'office » [16], même lorsque leur admission n'est pas justifiée par des motifs d'ordre public, notamment pour des raisons assistancielles [17].

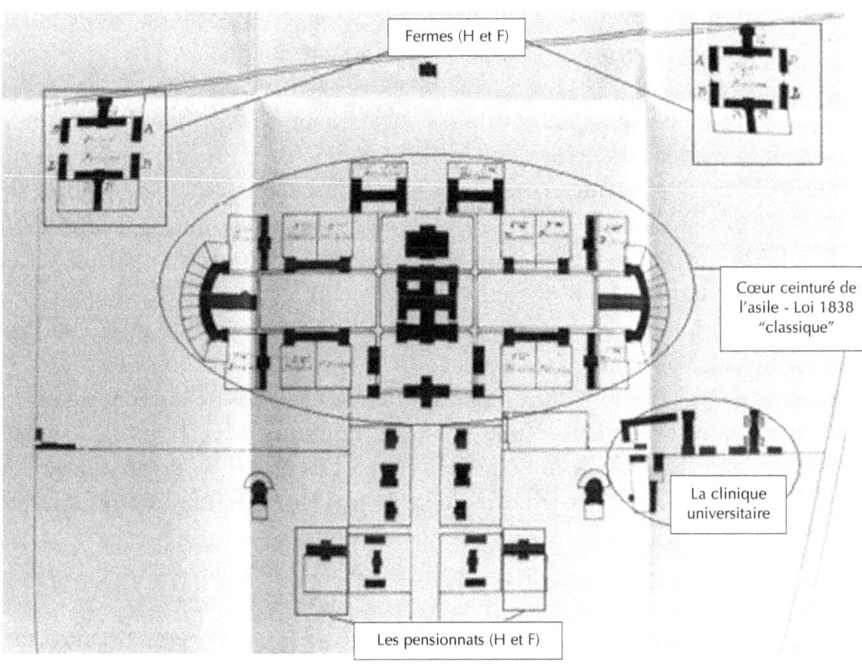

Figure 1. Plan de l'hôpital en 1900 avec le double niveau de fermeture

14. Bonnet H., *Histoire de la psychiatrie à Lyon*, Lyon, Césura Lyon Edition, 1988.
15. L'administration est alors particulièrement attentive à ces séparations, comme en témoigne la demande de l'inspecteur général de « partager la grande cour des cellules en trois préaux qui permettent de séparer complètement les agités indigents, les agités pensionnaires, et les agités appartenant à la clinique » (Rapport 1883).
16. Ainsi, au 1er janvier 1939, ce sont plus de 97 % des malades qui sont en placement d'office à l'hôpital du Vinatier (Rapport 1939).
17. L'interprétation dominante de la loi de 1838 est que seul le placement d'office prévoit la prise

Les exceptions

Dès les premières années de l'asile de Bron, d'autres logiques viennent cependant interférer avec le régime de soin caractérisé par cet encastrement. Nous ne traiterons ici que des plus significatives d'entre elles [18].

Il y a d'abord des différences de traitement, de droit ou de fait, entre les malades en fonction de leur situation économique. Un traitement spécifique est réservé aux pensionnaires, aliénés dont la famille (ou eux-mêmes) paie une pension plus importante. Les pavillons dans lesquels ils sont hébergés se situent en dehors de l'enceinte interne du domaine asilaire et ils bénéficient de conditions d'hébergement privilégiées par rapport aux autres internés.

De plus, les restrictions de circulation des malades sont graduées en fonction de leur participation à l'activité économique de l'établissement. Ainsi, bien que les pavillons soient fermés toute la journée, un certain nombre d'internés peuvent sortir, à l'initiative de leur médecin-chef, pour travailler dans l'exploitation agricole qui est elle-même clôturée et disposent de fait de possibilités d'aller et venir plus importantes que les autres [19].

Le deuxième type d'exception à l'encastrement de principe relève de la construction de la médecine des maladies mentales comme discipline scientifique [20]. Une clinique universitaire des « maladies mentales » est implantée sur le site de Bron-Vinatier dès la création de l'asile. C'est une spécialité de la « faculté mixte de médecine et de pharmacie de Lyon », créée par décret en 1877. Le statut des malades y est hybride. Ils entrent à la clinique sur décision des médecins lorsque leur « cas » présente à leurs yeux un intérêt scientifique particulier. Ils sont alors considérés comme *sortis* de l'asile, mais ils sont tout de même enregistrés sur un registre spécifique relevant de la loi de 1838. La clinique relève elle-même d'une situation administrative hybride. Elle est construite sur le domaine du Vinatier, mais à l'extérieur du cœur ceinturé de l'hôpital et elle est régie par un règlement intérieur différent, défini non pas par l'administration asilaire mais par celle des HCL [21].

---

en charge des frais de séjour par l'assistance départementale. Les circulaires de 1840 et 1930 devront préciser et rappeler que le placement volontaire, « à titre gratuit » est prévu. *Cf.* Caire M., « L'autoplacement volontaire », Mémoire de diplôme universitaire en expertise psychiatrique et médico-psychologique judiciaire, 1981.

18. L'admission des militaires, l'usage du domaine du Vinatier pour d'autres activités (nourricerie départementale et service des enfants anormaux), la création d'une annexe à quelques dizaines de kilomètres dans les années 1930 ou encore l'utilisation du service neuropsychiatrique des Hospices Civils de Lyon ne pourront être développées ici.
19. Pour une analyse plus détaillée, cf. Montès J.F., « Le monde clos ou la raison médico-économique », *Sciences sociales et santé*, vol. XI, n°1, mars 1993, pp. 41-69.
20. Goldstein J. E., *Consoler et classifier : l'essor de la psychiatrie française*, Paris, Institut Synthélabo, 1997, p. 430 sq.
21. Une convention ne liera les deux administrations qu'à partir de 1949 et sera depuis régulièrement redéfinie.

Le cadre juridique de la loi de 1838 ne régule ainsi pas l'ensemble des pratiques de « soin », des exceptions économiques ou scientifiques rendant possible un assouplissement de l'enfermement des patients. Mais l'encastrement du statut juridique, du soin et de l'enfermement est prédominant et favorise, sans justification thérapeutique évidente, des durées de séjour majoritairement longues [22], contribuant à une mise à l'écart sociale des « aliénés ». Cette « chronicisation », qui n'est pas propre à l'asile de Bron, fait l'objet de critiques de plus en plus nombreuses de la part de psychiatres mais aussi de l'administration publique [23], critiques qui conduisent à une première transformation juridique de l'enfermement en psychiatrie à la veille de la seconde guerre mondiale [24].

Quand pratiques de soin et cadre légal se désajustent

Avec la création de services ouverts, sur le modèle des services hospitaliers somatiques « ordinaires », une nouvelle forme de régulation semble s'ouvrir. Certes, à l'hôpital du Vinatier, la création d'un tel service en 1943 relève initialement du contexte historique de la seconde guerre mondiale plutôt que d'un changement dans la politique psychiatrique. L'introduction de ce qui sera baptisé, l'année suivante, la « clinique neuropsychiatrique et d'hygiène mentale » à l'intérieur du domaine provient en effet de la nécessité de déplacer le service de neuropsychiatrie de l'hôpital Edouard Herriot, réquisitionné par les autorités militaires. Mais cette création est favorisée par la circulaire Rucart du 13 octobre 1937 [25], qui préconise par ailleurs le développement de dispensaires, lieux de consultation extrahospitaliers. Celle-ci précise que les services ouverts « non soumis au régime légal de la loi de 1838, sont destinés à hospitaliser les malades atteints de troubles psychiques qui ne présentent pas de réactions dangereuses pour leur entourage et qui n'élèvent pas de protestations à l'égard de leur hospitalisation ». Il sera précisé qu'ils doivent permettre « d'éviter aux malades dont l'état mental ne le requiert pas, les limitations de capacité civile et de liberté » [26].

22. Au 1er janvier 1939, 6 % des malades sont présents depuis moins d'un an, et 80 % sont présents depuis plus de cinq ans.
23. Notamment en raison de l'« encombrement » d'asiles vite surpeuplés en raison de ces longs séjours, dont les conséquences pratiques et économiques inquiètent dès la fin du XIXe siècle.
24. Fauvel A., « Témoins aliénés et "Bastilles modernes". Une histoire politique, sociale et culturelle des asiles en France (1800-1914) », Thèse de doctorat d'histoire, Paris, École des Hautes Études en Sciences Sociales, 2005.
25. Sur l'introduction de ces services ouverts, cf. Henckes N., « Un tournant dans les régulations de l'institution psychiatrique : la trajectoire de la réforme des hôpitaux psychiatriques en France de l'avant-guerre aux années 1950 », *Genèses*, n°76, septembre 2009, pp. 76-98 ; Bueltzingsloewen (von) I., « Quel(s) malade(s) pour quel asile ? Le débat sur l'internement psychiatrique dans la France de l'entre-deux-guerres », in Guignard L., et al. (eds.), *Expériences de la folie. Criminels, soldats, patients en psychiatrie (XIXe-XXe siècles)*, Rennes, Presses Universitaires de Rennes, 2013, pp. 263-274.
26. Circulaire du 28 février 1951.

Tentations de fermeture des services ouverts et ouverture des services fermés

À sa création, le premier service ouvert de l'hôpital du Vinatier est conçu comme entièrement distinct. Du point de vue spatial, il est installé dans les locaux initialement destinés à des malades alités, à l'extérieur de l'enceinte la plus fermée de l'hôpital (figure 2). Administrativement, il est placé sous la direction du nouveau titulaire de la chaire à la faculté de médecine, le professeur Dechaume [27]. Moins de cinq ans plus tard, deux autres services ouverts sont créés dans les mêmes bâtiments, placés sous l'autorité de médecins du médicat psychiatrique, Balvet et Riquet. Il est alors prévu de scinder complètement les deux espaces en créant une entrée séparée, mais le projet, qui porte le nom d'hôpital Pinel, ne sera finalement pas réalisé.

Du point de vue des pratiques, les services ouverts ont un fonctionnement spécifique. Les malades, présents sur une durée de séjour courte, ne participent pas aux tâches collectives (cuisine, entretien, etc.) et ne travaillent pas. Certaines thérapeutiques nouvelles, comme les électrochocs ou les neuroleptiques à partir de 1952, y sont très développées [28].

Ces modalités de fonctionnement expliquent le recours massif à ces services [29]. Elles ne garantissent cependant pas une absence de contrainte sur les patients qui ne relèvent pourtant pas du régime de la loi de 1838. Les médecins et surveillants exercent de fait un contrôle sur les circulations et prennent des mesures de contention pour contenir des états « d'agitation », comme les sangles ou l'imposition du pyjama, destinée à faciliter la surveillance [30].

L'ouverture des services fermés

Parallèlement, les services qui reçoivent des malades sous le statut de la loi de 1838 se transforment après-guerre. Les critiques de l'asile, consécutives au choc de la guerre et de la famine ayant sévi dans les hôpitaux [31], animent une volonté de réformer le soin lui-même, notamment dans le mouvement

27. Défenseur de l'affiliation de la psychiatrie à la neurologie, Jean Dechaume participera à la commission de réforme de la loi du 3 janvier 1968.
28. En revanche, les formes de « sociothérapie », qui attribuent notamment une valeur thérapeutique du travail, n'y sont de fait pas développées, au regret de certains psychiatres.
29. Au Vinatier, les admissions annuelles en services ouverts s'élèvent à 1 377 dès 1949 et sont bien plus importantes que les admissions en services fermés qui s'élèvent à 525 la même année. Il n'existe pas de statistiques nationales officielles sur le nombre d'admissions en services ouverts avant 1958. Après cette date-là, la variable n'est pas mentionnée dans les travaux existants.
30. La consultation de dossiers médicaux de l'époque est à cet égard éclairante. On peut y trouver des annotations comme « tente de s'enfuir », « usage de procédés de contrainte », « a été rattrapé en robe de chambre et en pantoufles »... Une investigation plus systématique permettrait de mieux appréhender l'usage de cellules d'isolement ou de sangles de contention dans ces services.
31. Bueltzingsloewen (von) I., *L'Hécatombe des fous. La famine dans les hôpitaux psychiatriques français sous l'Occupation*, Paris, Aubier/Flammarion, 2007.

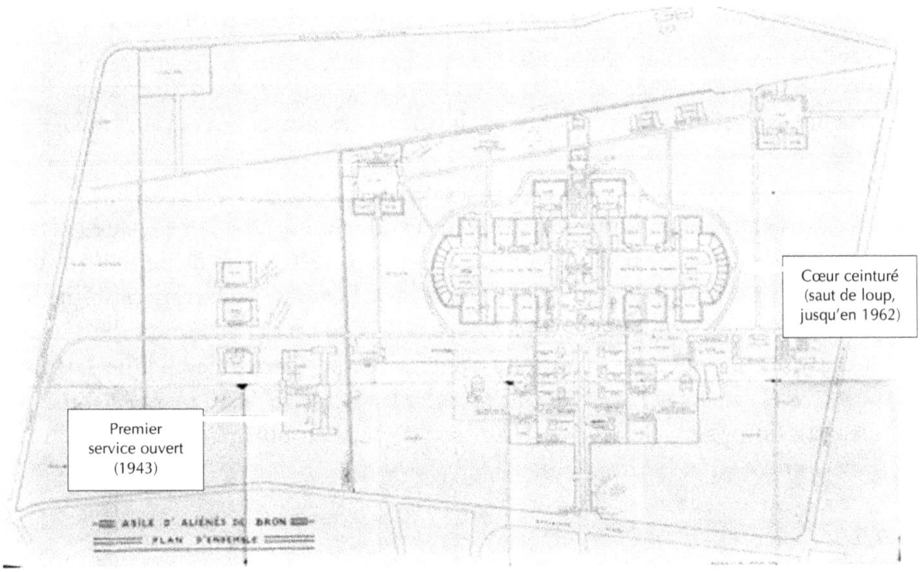

Figure 2. Plan de l'hôpital 1935 et affectation des bâtiments jusqu'aux années 1960

dénommé, suite à Koechlin et Daumezon, la « psychothérapie institutionnelle ». Une convergence importante apparaît entre les consignes de l'administration de l'hôpital du Vinatier et les dynamiques thérapeutiques qui tendent à améliorer la qualité de la vie à l'intérieur de l'institution. Une grande attention est portée par les équipes psychiatriques à tous les éléments qui déterminent les « conditions d'existence », dans l'optique d'assouplir celles-ci et de les rendre moins infâmantes [32]. Elles cherchent notamment à réduire le recours à la force, comme en témoigne en 1954 la suppression des quartiers d'agités [33] ou encore la diminution de l'usage des moyens de contention. Paul Balvet [34] note ainsi dans son rapport annuel : « Le 29 janvier [19]55, j'ai eu la première journée sans aucun moyen de contention sur l'ensemble du service » (Rapport de 1954, écrit au printemps 1955).

32. *Cf.* circulaire du 21 août 1952, dite circulaire 148 proscrivant les uniformes et justifiant par la « dignité humaine » une attention accrue au mobilier, à la literie, au contenu des repas, etc.
33. Rapport médical du docteur Requet en 1954 : « L'événement marquant de mon service a été la disparition du pavillon d'agités. [...] A la place des cachots du vieil asile d'autrefois, [...] je dispose maintenant de petits dortoirs thérapeutiques très convenables. » La suppression des quartiers d'agités est plus tardive du côté des femmes. Berthier évoque ainsi en 1958 la division « 3 bis » dont il s'occupe : « lorsque par une porte, au fond du couloir, l'on pénètre dans la partie centrale du pavillon [...]. Le vieil asile carcéral avec ses cellules et son couloir obscur est toujours là. »
34. Participant à l'aventure de St Alban comme directeur jusqu'en 1942, Paul Balvet est considéré comme l'un des précurseurs de la psychothérapie institutionnelle (*cf. infra*) qu'il cherchera à développer au cours de sa carrière lyonnaise.

Ces tentatives, parfois contrariées [35], sont favorisées par la diffusion des traitements neuroleptiques, mais aussi par l'orientation vers les services ouverts de malades aigus : « les psychoses alcooliques, les délires aigus, les psychoses syphilitiques, et les psycho-névroses graves » (rapport Christy 1952).

Dans cette dynamique, les médecins évoquent en 1958 la nécessité thérapeutique de développer le « régime de la porte ouverte » afin de permettre aux patients soumis au régime de la loi de 1838 « d'exercer leur responsabilité ». Ils regrettent « l'insuffisance du nombre de lits en service libre » et réclament la création officielle de « secteurs ouverts » à proximité de chaque service fermé [36]. C'est, entre autres, ce que favorise la circulaire du 15 mars 1960 sur la sectorisation psychiatrique [37], réduisant de plus en plus la distinction entre services ouverts et fermés.

Un brouillage conforté par une nouvelle juxtaposition spatiale

Sans revenir ici sur l'histoire de cette circulaire, déjà très documentée [38], il faut relever spécifiquement l'impact qu'elle a eu sur le brouillage entre les règlements des services et le statut juridique des malades. Elle prévoit en effet que les services hospitaliers ne soient plus différenciés en fonction du type de malades qu'ils reçoivent (agités, travailleurs, gâteux, etc.) mais de la provenance géographique de ceux-ci (leur domicile) afin de mettre la priorité sur la continuité du soin entre l'hospitalisation et l'extra-hospitalier. De nombreux pavillons changent alors d'affectation, ce qui offre l'opportunité de changer leur règlement et de réserver de plus en plus de lits pour des services ouverts [39]. Des pavillons de l'enceinte la plus fermée de l'hôpital s'ouvrent à leur tour, la disparition des sauts de loup au début des années 1960 étant l'emblème le plus important de cette transformation. Pour autant, la distinction entre les deux types de pavillons, « ouverts » et « loi de 1838 », se maintient, faisant primer la raison juridique sur la logique médicale : « les malades sont

35. Le docteur Balvet note ainsi avec déception avoir refermé les portes de pavillons qu'il avait ouvertes (rapport 1958).
36. Rapport commun, 1958.
37. La réforme du « secteur » prévoit qu'une seule équipe de psychiatrie assure, à l'intérieur et en dehors de l'hôpital, tant la prévention que les soins auprès de la population sur un territoire de près de 70 000 habitants (les variations de taille entre les secteurs peuvent cependant être très importantes). Elle entérine une émancipation partielle du soin psychiatrique de l'hôpital. Rhenter P., « De l'institutionnel au contractuel : psychiatrie publique et politiques de santé mentale en France (1945-2003) », Thèse de doctorat de science politique, Université Lumière-Lyon II, 2004.
38. Fourquet F., Murard L. (eds.), *Histoire de la psychiatrie de secteur, ou le secteur impossible*, n°spécial, *Recherches*, n°17, 1975 ; Henckes N., *op. cit.*
39. Le changement d'affectation des pavillons commence en 1963 et continue progressivement au cours des années suivantes. Alors que le nombre de places dans ce type de services n'avait pas évolué depuis la fin des années 1940 (185 lits, soit moins de 10 % des 2000 lits existants), le nombre de lits réservés à des patients hospitalisés librement passe de 186 à 303 en 1966, 451 en 1968, puis 707 en 1970.

hospitalisés dans tel ou tel pavillon non pas d'après leurs besoins d'ordre médical, mais d'après leur condition juridique » [40].

Ce *hiatus* entre une organisation des soins qui s'homogénéise et des statuts juridiques des patients qui restent distincts conduit de plus en plus de psychiatres à remettre en cause le statut spécifique prévu par la loi de 1838 [41] considéré comme une atteinte à la liberté individuelle et non comme une forme de protection juridique des patients.

L'introduction d'une nouvelle forme de régulation avec les services ouverts et ses répercussions sur les services fermés ont ainsi provoqué un désajustement entre les pratiques de soin et le cadre légal prévu par la loi de 1838 qui conduit à de nouvelles interrogations sur sa révision.

De l'épuisement des régulations juridiques à leur réinvestissement : vers une nouvelle forme d'encastrement ?

Au début des années 1960, une nouvelle tentative de réforme de la loi de 1838 est préparée et se réalise partiellement avec le vote de la loi du 3 janvier 1968 réformant le droit des incapables majeurs [42], qui prévoit une révision de l'ensemble des mesures sous cinq ans. Loin de mettre en place une régulation juridique plus ajustée des pratiques contraignantes de soin, cette loi ouvre une nouvelle période se caractérisant d'abord par la tombée en désuétude du cadre juridique spécifique des hospitalisations sans leur consentement des personnes malades.

La baisse du recours au régime « spécifique » de la loi de 1838

L'année 1968 a un retentissement particulier à l'hôpital du Vinatier. Au 1er janvier, le niveau d'occupation de l'hôpital est à son plus haut, le nombre de présents, tous services confondus, atteignant alors 2 673 malades. Ce haut niveau d'encombrement explique en partie l'écho très important rencontré par les événements de 1968 au sein de l'hôpital, se traduisant par une forte contestation des pratiques asilaires d'enfermement. Cette contestation donne lieu à des actions d'ouverture inédites : une nuit, des cloisons entre des services hommes et femmes sont ainsi percées [43]. De leur côté, les médecins dénoncent

40. Rapport Balvet, 1964.
41. Si cette loi est contestée depuis longtemps par certains psychiatres réformateurs, elle n'a pas fait l'objet de modifications depuis sa promulgation, malgré les nombreuses tentatives de réforme qui s'épuisent sans aboutir. Voir Henckes N., « Un tournant dans les régulations de l'institution psychiatrique : la trajectoire de la réforme des hôpitaux psychiatriques en France de l'avant-guerre aux années 1950 », *Genèses*, n°76 septembre 2009, pp. 76-98.
42. *Cf*. Eyraud B., Henckes N., « Entre psychiatrie, travail social et droit civil : les régulations de la protection de la personne au tournant des années 1968 », *Le Mouvement social*, vol.1, n°243, 2013, pp. 61-79.
43. Entretien avec M. Soller, infirmier.

le cadre juridique de la loi de 1838, le qualifiant de « grand renfermement asilaire » (rapport commun 1968). Ils n'évoquent pas la réforme du 3 janvier 1968 mais participent à sa mise en œuvre et à la transformation du statut de nombre de malades internés, qui passent alors sous le régime de l'hospitalisation libre [44]. À la fin des années 1960, plus de 80 % des adultes étaient hospitalisés sous le régime de la loi de 1838. La proportion s'inverse en une quinzaine d'années. Les malades hospitalisés sous le régime de droit commun deviennent majoritaires à l'hôpital au 1er janvier 1973, jusqu'à atteindre plus de 90 % au milieu des années 1980 [45].

Cette raison juridico-administrative n'est pas la seule à expliquer la baisse du nombre de malades placés sous le régime de 1838. Une évolution dans les pratiques psychiatriques – la réduction des durées de séjour – l'explique également [46]. Mais c'est surtout le nombre d'admissions « loi de 1838 » qui baisse de façon spectaculaire. À l'hôpital du Vinatier, elles atteignent leur pic en 1964 avec 1 375 entrées dans l'année et descendent en 1985 à 147 entrées.

La poursuite d'une déspécification spatiale et administrative

Cette baisse considérable du nombre de personnes hospitalisées sous le régime de la loi de 1838 s'accompagne d'une réorganisation de l'espace au sein du domaine hospitalier, qui s'inscrit dans une volonté de « dépsychiatriser partiellement » l'établissement [47], en introduisant des services somatiques à l'intérieur du domaine du Vinatier : les services de médecine générale en 1977, les services de soin et de réadaptation un peu plus tard (figure 3).

La distinction administrative entre pavillons ouverts et pavillons fermés disparaît progressivement et discrètement, au rythme des « travaux de modernisation ». Cette réhabilitation restructure l'organisation intérieure des services. De nouvelles cloisons sont introduites pour remplacer des dortoirs par des chambres, espaces dont l'ouverture et la fermeture sont partiellement à la disposition des malades, et qui préservent davantage l'intimité.

Parallèlement, le recours à la force à l'intérieur de l'hôpital semble diminuer. Ainsi, en 1975, le docteur Bonnet constate qu'il n'a pas fait de demande d'hospitalisation en Unité pour Malades Difficiles, qu'il n'a conservé que cinq

44. Le terme d'hospitalisation libre n'apparaît pas directement dans les textes officiels mais il est utilisé par les doctrinaires et par les médecins. *Cf.* par exemple, Guilbert F., *Liberté individuelle et hospitalisation des malades mentaux*, Paris, Librairies Techniques, 1974.
45. Au niveau national, la rupture est moins brutale. Plus de la moitié des personnes hospitalisées un jour donné sont encore soumises à un régime 1838 en 1975, même si 84 % des entrées sur une année se font alors en hospitalisation libre. *Cf.* Note de l'IGAS « relative aux modalités d'application des articles L 333 et suivants du code de la santé publique sur l'hospitalisation des malades mentaux », juillet 1979.
46. Voir Chapireau F., « Le recours a l'hospitalisation psychiatrique au XXe siècle », *L'Information psychiatrique*, n°83, 2007, pp. 563-70.
47. Rapport commun 1974.

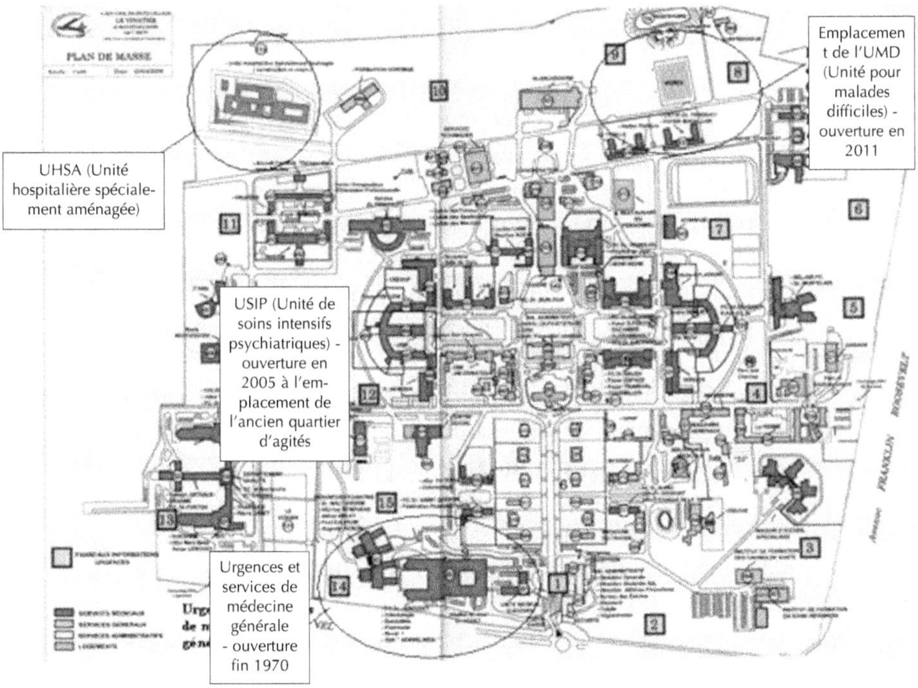

Figure 3. Le plan-masse du CHS du Vinatier en 2009

malades en hospitalisation d'office dans son service, et que les malades maintenus « sans leur consentement dans les pavillons sont essentiellement les déments et les démentes séniles désorientés » (rapport Bonnet 1974). L'augmentation considérable des effectifs du personnel au cours des années 1970 [48] et le recours de plus en plus important aux prescriptions médicamenteuses [49] contribuent certainement à une gestion plus fluide des situations difficiles. Enfin, impulsés par la dynamique de la sectorisation, des liens avec l'extérieur se développent : le nombre de dispensaires se multiplie, l'autorisation est donnée aux personnels infirmiers de travailler en dehors de l'hôpital et des « voitures de secteur » sont mises en place [50].

48. Le nombre d'infirmiers passe ainsi de moins de 506 en 1966 à 777 en 1980 alors que, dans le même temps, le nombre de malades présents passe de 2 668 à 1 416. Le ratio personnel-malade passe ainsi de moins d'un infirmier pour cinq malades à plus d'un infirmier pour deux malades.
49. Rapport du pharmacien, 1969-1973.
50. Cette dissociation du soin psychiatrique et de l'espace de l'hôpital ouvre la question de la contrainte au soin hors de l'hospitalisation et de son encadrement juridique. La proposition de créer une mesure de contrainte extra-hospitalière apparaît de façon récurrente dans les propositions de réforme de la législation encadrant les hospitalisations sous contrainte, et se réalise dans la loi du 5 juillet 2011.

Le maintien de pratiques d'enfermement

Les fermetures spatiales ne disparaissent pas pour autant au sein de l'hôpital : les portes de nombreux services continuent d'être fermées à clefs ; les barreaux demeurent aux fenêtres, des barrières sans ouverture clôturent les lieux de promenade. Le rapport commun de 1980 note même la réalisation de nouvelles chambres d'isolement. Fermetures et ouvertures connaissent ainsi de nombreux va-et-vient, et il est difficile d'évaluer si cela correspond dans les pratiques à des augmentations et diminutions dans le recours à la contrainte ou seulement à des déplacements. L'encadrement légal de certaines pratiques de contrainte produit, par la formalisation qu'il impose, une mise en visibilité de ces pratiques. C'est ce que prévoyait la procédure, inscrite dans la loi de 1838. La diminution constatée du recours à cette procédure ne signifie pas automatiquement la baisse des pratiques de contrainte et d'enfermement, mais en diminue la visibilité, dans les formes où elles persistent. Les traces du recours à la contrainte à l'intérieur des asiles sont peu nombreuses dans les archives qui donnent une faible visibilité aux pratiques moins légitimes, et/ou non-encadrées par des textes juridiques ou administratifs. Il faudrait recourir à d'autres types de sources : témoignages des psychiatres, des infirmiers, de tous ceux qui travaillent dans les hôpitaux, et bien évidemment des personnes hospitalisées [51]. Quelques remarques incidentes à l'intérieur des rapports et des notes de service sont cependant significatives. Ainsi, des médecins notifient officiellement l'existence de pratiques informelles d'enfermement. C'est, par exemple, le cas de Burgat qui évoque, lors de son premier rapport d'activité à son arrivée comme chef de service en 1973, ces services « fermés » soumis à la loi de 1838 dont les portes demeurent ouvertes et ces services « ouverts » dont les portes sont en fait fermées. Au niveau national, l'Inspection Générale des Affaires Sociales (IGAS) considère dès 1979 que « les hospitalisations libres pourraient masquer des internements dans lesquels les intéressés seraient privés des garanties mises en place par la loi du 30 juin 1838 » [52]. Cette question est prise en compte par le législateur qui précise dans la loi du 2 février 1981, dite « Sécurité et liberté », les droits des personnes hospitalisées librement – dont le droit de communication et de visite, la liberté de culte, mais surtout la liberté de mouvement au sein de l'établissement – et qui généralise la possibilité d'un recours judiciaire à tout malade hospitalisé dans un établissement psychiatrique, quel que soit son mode de placement.

51. Cf Fauvel A., « Le crime de Clermont et la remise en cause des asiles en 1880 », *Revue d'histoire moderne et contemporaine*, vol.49, n°1, mars 2002, pp. 195-216 ; Fauvel A., « Témoins aliénés et "Bastilles modernes". Une histoire politique, sociale et culturelle des asiles en France (1800-1914) », Thèse de doctorat d'histoire, École des Hautes Études en Sciences Sociales, 2005.

52. « Notes relatives aux modalités d'application des articles L333 et suivants du code de la santé publique sur l'hospitalisation des malades mentaux », présentées par R. Docaigne, Inspecteur général de l'IGAS, p. 2. La note souligne par ailleurs que « l'hospitalisation sous une modalité ou sous une autre peut dépendre du hasard ».

Cette explicitation de règles procédurales relatives aux patients hospitalisés librement annonce le renouveau d'un souci pour les droits des patients. Dans les pratiques, ces distinctions demeurent confuses et sont contournées par une certaine « gestion informelle » de l'enfermement. Un exemple est particulièrement révélateur. À l'occasion de la venue du pape à Lyon en 1986, le préfet de police demande que « la sortie des malades des hôpitaux psychiatriques » [53] soit réduite au maximum, sans faire de distinction entre les malades soumis au régime de la loi de 1838 et les autres. Relayant cette consigne, le directeur de l'établissement informe qu'il n'autorisera pas, conformément à son pouvoir, les sorties pour les malades internés. Il demande par ailleurs aux médecins « d'être vigilants pour les permissions accordées sous [leur] responsabilité » [54]. De plus, les données relatives au régime juridique des malades (placement d'office, placement volontaire, hospitalisation libre) n'apparaissent plus dans les rapports d'activités de l'hôpital entre 1987 et 1989, ce qui peut être interprété comme la perte de pertinence de ces données aux yeux tant de ceux qui rédigent ces rapports que de ceux auxquels ils sont destinés.

Un réinvestissement des procédures autorisant la contrainte ainsi que des formes d'enfermement renforcées

Les débats sur la réforme de l'organisation de la psychiatrie se poursuivent au cours des années 1980, mais ce n'est qu'à l'occasion de la mise en conformité avec une recommandation européenne [55] qu'une nouvelle loi, celle du 27 juin 1990, remplace les dispositions encore en vigueur de la loi de 1838. Techniquement, les règles d'hospitalisation sans consentement en hôpital psychiatrique sont peu transformées. L'hospitalisation libre est explicitement introduite dans la loi aux côtés des hospitalisations sans consentement (HSC), dans le même cadre juridique sur les modalités du soin psychiatrique. Elle est même définie comme le régime devant être privilégié, les HSC devant constituer une exception. La loi semble alors complètement défaire l'encastrement initial entre un statut juridique spécifique, l'enfermement spatial et la thérapeutique. Mais en actualisant le statut autorisant l'hospitalisation contrainte, elle renouvelle la tension qui le traverse entre la protection contre les atteintes abusives aux libertés des personnes et la légitimation de l'usage de l'enfermement. Quelques éléments permettent d'éclairer comment l'organisation contemporaine de la contrainte psychiatrique articule forme d'enfermement et procédure juridique spécifique.

53. Lettre du 15 septembre 1986.
54. Notes de la direction du Centre Hospitalier Spécialisé du 19 septembre 1986 aux médecins-chefs et praticiens hospitaliers.
55. Recommandation N°R (83)2 du comité des Ministres aux États membres sur la protection juridique des personnes atteintes de troubles mentaux et placées comme patients involontaires.

Le premier élément marquant est le réinvestissement du cadre juridique autorisant l'enfermement. Suite à la loi du 30 juin 1990, le recours aux mesures d'hospitalisation sans consentement connaît une augmentation très importante [56]. L'interprétation de cette augmentation est complexe : certains s'inquiètent d'une montée de l'intolérance face aux troubles mentaux, d'autres critiquent les sorties trop précoces et le défaut de dispositifs de soin extra-hospitalier suffisants, qui donneraient lieu à des réhospitalisations rapides [57]. Nous proposons une hypothèse supplémentaire : celle d'une attention accrue au respect du cadre juridique dans la limitation des libertés des personnes au sein des hôpitaux psychiatriques, qui se marque par la mise en place de procédures encadrant le recours à la contrainte. Au niveau du Vinatier, une sensibilisation à la question de l'usage des chambres d'isolement est menée, notamment par le docteur Terrat [58]. Leur nombre est d'ailleurs relevé au sein des rapports d'activités à partir de 1990 [59] – cependant aucun chiffre n'est disponible quant à leur utilisation. Au niveau national, la Circulaire Veil de 1993 [60] « rappelle » que le recours aux chambres fermées doit être limité aux personnes en hospitalisation sans consentement, ou restreint à quelques heures le temps de résoudre la situation ou de transformer le mode d'hospitalisation. Cette circulaire aurait conduit certains psychiatres à « transformer l'hospitalisation libre en hospitalisation sous contrainte chaque fois qu'il [est] nécessaire d'isoler un patient en hospitalisation libre » [61], contribuant à l'augmentation du nombre d'HSC. Le réinvestissement d'un cadre juridique, au nom du respect des droits des patients, pourrait ainsi participer à l'augmentation du nombre de mesures privatives de liberté.

Le second élément marquant est le développement de nouvelles formes visibles et assumées d'enfermement dans les établissements hospitaliers psychiatriques. L'on assiste ainsi à la (re)création de services caractérisés par un

56. Augmentation de 86 % entre 1992 et 2001 pour atteindre un total supérieur à 72 000 en 2001 (Circulaire du ministère de la Santé DGS/6C du 24 mai 2004). Cette augmentation doit cependant être contextualisée : la part des hospitalisations sans consentement parmi les hospitalisations en psychiatrie ne croît que légèrement sur la période pour atteindre 13 % en 2001. De plus, l'hospitalisation n'est plus le mode principal de prise en charge psychiatrique : 68 % des personnes suivies par les services de psychiatrie publique ne sont jamais hospitalisées. *Cf.* Moreau D., Rhenter P., « Les hospitalisations sans consentement : usages et enjeux en France », *Regards sur l'actualité*, La Documentation française, n°354, octobre 2009, pp. 36-47.
57. Prieur C., « Le nombre d'internements psychiatriques a fortement augmenté », *Le Monde*, 28 octobre 2004.
58. Il dirigera le rapport qui formalisera les recommandations professionnelles nationales en la matière. ANAES, « Evaluation des pratiques professionnelles dans les établissements de santé. L'audit clinique appliqué à l'utilisation des chambres d'isolement en psychiatrie », juin 1998.
59. On compte alors environ une chambre par unité de soins de trente lits, quoique ces chiffres puissent varier.
60. Circulaire n°48 DGS/SP3, « portant sur le rappel des principes relatifs à l'accueil et aux modalités de séjours des malades hospitalisés pour troubles mentaux », 19 juillet 1993.
61. Friard D., *L'isolement en psychiatrie : séquestration ou soin ?*, Paris, Elsevier Masson, 2002, p. 62.

niveau de fermeture très élevé, un statut juridique des personnes « accueillies » et des règlements intérieurs spécifiques. Ce mouvement est initié avant que différents projets de loi associant crime et trouble mental et visant notamment à augmenter le contrôle étatique sur les hospitalisations d'office ne soient proposés à partir de 2007, suscitant la réactivation de la critique du caractère « sécuritaire » de telles mesures.

À partir des années 1990, des Unités de Malades Agités et Perturbateurs (UMAP) ou Unités de Soins Intensifs Psychiatriques (USIP) sont créées [62]. Les UHSA, introduites par la loi d'orientation et de programmation de la justice du 9 septembre 2002, sont quant à elles inscrites par leurs promoteurs dans un souci d'accès au soin des détenus souffrant de troubles mentaux.

À l'hôpital du Vinatier, c'est un peu plus tard que cette dynamique est initiée. En 2005, une USIP ouvre dans un des anciens pavillons de l'hôpital ayant servi autrefois de quartier d'agités. Plus récemment encore, de nouveaux murs d'enceinte ont été élevés au sein du domaine afin d'implanter une UHSA et une UMD.

On observe donc, parallèlement au réinvestissement de mesures juridiques autorisant l'hospitalisation contrainte, un renouveau de formes spatiales visibles d'enfermement. Si les pratiques psychiatriques ne se caractérisent plus en France par un encastrement du soin, de l'enfermement et d'un statut spécifique attribué aux patients, l'existence de zones d'encastrement y persiste et participe à l'économie des dispositifs de soins.

Les évolutions les plus récentes de la psychiatrie, dont l'hôpital du Vinatier constitue un exemple particulièrement emblématique, témoignent d'une visibilisation indéniable des pratiques d'enfermement existantes dans le soin psychiatrique. En opérant un détour par le temps long, notre analyse permet de mettre à distance toute lecture univoque de ce phénomène. Le parcours, à travers différentes périodes de l'histoire, des formes du recours à la contrainte dans un hôpital particulier montre que les tensions à l'œuvre se rejouent de façon récurrente, se référant à des justifications variées : soin, droit des malades, dignité, protection de la société. Dans cet article, nous nous sommes centrés sur les régulations de l'enfermement organisées par les règles juridiques et administratives dans l'organisation du soin – et n'avons abordé la question des justifications qu'à travers celles mobilisées par les régulations elles-mêmes. En étudiant ces régulations sur plus d'un siècle, nous avons montré une diversité des usages des règles juridiques et administratives qui coexiste avec la grande stabilité dans le temps du cadre juridique de l'enfermement psychiatrique.

62. Un règlement intérieur spécifique y instaure la fermeture systématique des chambres des malades pendant la nuit et certaines heures dans la journée.

Ce constat se prête à des interprétations opposées. Les évolutions des chiffres du recours aux procédures d'hospitalisation sans le consentement de la personne pourraient être utilisées, selon les époques et le sens de la courbe, pour faire valoir la baisse des pratiques contraignantes ou en dénoncer l'augmentation. Une interprétation inverse pourrait s'appuyer sur la persistance d'un cadre législatif et réglementaire et d'usages de contraintes non encadrées juridiquement pour souligner une certaine « homéostasie » du niveau de contrainte, qui se déplacerait ou se redistribuerait en fonction de l'organisation du soin tout en restant équivalent.

Notre interprétation est plus prudente. Nos résultats ne permettent en effet pas d'établir une mesure du niveau de la contrainte – cela n'était pas notre objectif et, de plus, la possibilité même d'une telle objectivation demeure à nos yeux bien incertaine. Ils nous permettent, en revanche, d'éclairer le contraste entre la relative stabilité de règles autorisant le recours à l'enfermement et la diversité de leurs usages, ainsi que l'écart existant entre les règles et leur application qui détermine la visibilité et la légitimité de ces pratiques. Des formes de fermetures et contraintes peuvent se maintenir ou se développer sous des formes plus discrètes, hors de l'encadrement de la loi. En définissant les formes de contraintes légales, la loi peut être interprétée comme une manière de les légitimer. À l'inverse, on peut soutenir qu'en imposant des règles formelles afin d'en contrôler l'usage, en organisant leur relevé officiel, elles les dénaturalisent, les rendent plus visibles et ainsi à nouveau problématiques [63].

Ce résultat invite à une conclusion plus générale. Avec les tenants du contrôle social, d'inspiration anglo-saxonne ou foucaldienne [64], on peut en effet dire que, si la psychiatrie en France est aujourd'hui majoritairement extra-hospitalière, l'interprétation de sa signification sociale doit inclure le recours possible à la contrainte dans l'économie de ses dispositifs et de ses actions. Mais plutôt que de faire des règles de droit, administratives ou juridiques, l'instrument univoque d'un contrôle toujours plus diffus, nous invitons à les considérer dans leur usage et leur contestation, comme un révélateur des recompositions sociales du rapport entre la règle et ce qui lui échappe. À cet égard, on ne peut qu'être surpris par l'écart existant entre des lieux où la contrainte est si fortement protocolisée et de nombreux autres, dans les lieux ordinaires de vie et de soin, telles les maisons de retraite, où sa régulation demeure si peu importante.

---

63. Il serait à ce titre particulièrement éclairant d'étudier, avec un peu de recul, la mise en pratique de la loi du 5 juillet 2011 qui réforme les hospitalisations sous contrainte, à partir du cadre d'analyse que nous proposons ici : en dissociant la contrainte du soin de l'hospitalisation, cette loi entraîne un renouveau de l'attention sur la contrainte qui s'exerce non seulement en ambulatoire, hors de l'hôpital, dans le milieu de vie même des personnes visées, mais également au sein même de l'hospitalisation – par les fermetures spatiales, mais aussi au sujet des traitements administrés à la personne.
64. Castel R., *La gestion des risques*, Paris, Éditions de Minuit, 1984 ; Rose N., *Governing the Soul. the Shapping of the Private Self*, Londres, Free Association Books, 1999 (1989).

RÉSUMÉS / ABSTRACTS

Résumés / Abstracts

Au croisement des logiques politiques et médicales : les « patients-camarades » des services psychiatriques de la Charité (Berlin Est, République démocratique allemande, 1959-1964)
Fanny LE BONHOMME

En se penchant sur le cas des « patients-camarades », cette étude examine les modalités selon lesquelles le politique peut s'inviter dans les services psychiatriques de RDA et influencer les stratégies mises en œuvre par ses acteurs. Il s'agit d'entrer dans la société de RDA par ses marges, afin d'interroger d'une manière inédite les logiques de pénétration de la société par le politique. L'analyse des dossiers psychiatriques permet de réfléchir, à partir d'études de cas, aux modalités selon lesquelles logiques politiques et logiques médicales s'entrecroisent, se recoupent ou s'affrontent quand des camarades du parti communiste se font patients d'un service psychiatrique. Se pencher sur l'expérience de ces acteurs « en marge de la société » permet non seulement d'approcher une « autre expérience du communisme au quotidien » mais également de saisir des tensions et des contradictions qui traversent l'ensemble de la société est-allemande.

At the crossroads of political and medical principles: "comrade patients" in the psychiatric services at the Charité Hospital (East Berlin, German Democratic Republic, 1959-1964)
Fanny LE BONHOMME

Focusing on the "comrade patients'" case, this study examines how politics penetrate psychiatric services in the GDR and so influence the strategies of its actors. This article aims at analyzing the GDR society from its margins, in order to question in an original way the penetration of politics into the society. Based on case studies, the analysis of psychiatric records shows how medical and political principles interplay or contradict each other, when comrades of the Communist Party become patients of a psychiatric service. Looking into these actors' experience, who stand aside of society, enables not only to approach "an other experience of the everyday life in communism" but also to understand tensions and contradictions of the whole East German society.

L'espace de la policlinique psychiatrique dans la ville : l'émergence de nouveaux savoirs
Sophie LEDEBUR

Cet article cherche à reconstruire le lien entre la détermination de symptômes psychiatriques et les changements institutionnels. Bien qu'étant parvenue à créer un lien fort avec la population urbaine, la policlinique, fondée en 1871 dans le centre hospitalier de la Charité à Berlin, faisait partie de la clinique psychiatrique traditionnellement fermée et hermétique. En ce sens, elle peut être appréhendée comme un espace hétérotopique dans l'acception foucaldienne du terme. Sa création a encouragé de nombreux patients à solliciter d'eux-mêmes des soins à des stades peu avancés de leur maladie, alors que les symptômes étaient encore peu marqués. Moins formalisé que les rapports de l'hôpital psychiatrique, le système de documentation de la policlinique met à jour non seulement les intérêts particuliers de ses auteurs pour certains symptômes et maladies mais également l'émergence d'un espace-savoir propre à la clinique.

The space of psychiatric policlinic: Uncovering clinical signs
Sophie LEDEBUR

This paper attempts to reconstruct the connection between the determination of psychiatric symptoms and institutional changes. The policlinic, founded in 1871 in the Charité Berlin, was part of the traditionally hermetic, closed psychiatric clinic, though it managed to build a strong connection to the urban population; it can thus be read as a heterotopic space, according to Foucault. Its establishment prompted large numbers of clients to seek treatment voluntarily within the early stages of their illness, when symptoms were less severe. The system of documentation within the clinic, not nearly as formalized as clinical records, reveals the interests of its authors, demonstrating further that the policlinic clearly created a knowledge-space of its own.

Totalisation carcérale en terre coloniale : la *carcéralisation* à Saint-Laurent-du-Maroni (XIXe-XXe siècles)
Marine COQUET

Construite par et pour le bagne en 1857, la commune de Saint-Laurent-du-Maroni en Guyane française porte jusqu'en 1949 une vocation carcérale unique dans le paysage législatif et colonial français. En portant l'analyse de la construction de la ville sur son agencement spatial et son dispositif organisationnel, s'ouvre une nouvelle approche pour comprendre les processus par lesquels le bagne s'installe sur un territoire colonial. Entre l'intérieur et l'extérieur, entre rigidités et porosités des frontières catégorielles fixées par l'administration pénitentiaire, le processus de *carcéralisation* de la ville est sans cesse en négociation entre une institution totale et des

Carceral totalization in colonial lands: The *carceralization* in Saint-Laurent-du-Maroni (French Guyana)
Marine COQUET

Built by and for the convicts in 1857, the town of Saint-Laurent-du-Maroni has until 1949 a unique carceral vocation in French colonial and legislature stories. Developing the analysis of the construction of the city on its spatial arrangement and its organizational structure, opens to a new approach to understand the processes by which the prison sets in a colonial territory. Between inside and outside, between rigidities and porosities of the categorical boundaries fixed by penal administration, the *carceralization* process of the city is constantly being negotiated between a total institution and diverse actors: colonized people, settlers, administrators or convicted. The chal-

acteurs hétéroclites : ressortissants coloniaux, colons, administrateurs ou condamnés. L'enjeu du contrôle social, spatial et disciplinaire des populations est au cœur du processus de carcéralisation de ce qui devient la capitale des bagnes coloniaux de l'Empire français.

lenge of social, spatial and disciplinary control of population is at the heart of this carceralization process which built the French Empire's capital of the colonial prisons.

Aux frontières des prisons : les familles de détenus
Caroline TOURAUT

Aborder l'incarcération du point de vue des proches de détenus offre un autre regard sur l'institution carcérale et sur ses frontières. En effet, loin de ne concerner que les détenus, l'incarcération s'impose inexorablement à leur entourage qui éprouve une peine sociale à part entière. Les bouleversements qui affectent leur vie témoignent des processus à travers lesquels la prison tend à agir au-delà de ses murs. La politique pénitentiaire à l'égard des liens familiaux des personnes incarcérées et la diffusion du stigmate carcéral aux proches de détenus rend aussi compte de la manière dont l'expérience carcérale s'élargit aux familles des personnes incarcérées. L'article permet ainsi de mettre au jour les frontières subjectives des prisons qui définissent le champ de leur emprise sociale et leur espace de souveraineté au-delà de leurs murs.

At prisons' borders: prisoners' families
Caroline TOURAUT

Studying imprisonment from the point of view of the inmates' relatives allows a new insight into the carceral institution and its boundaries. Indeed, far from concerning only the inmates, incarceration inexorably affects their family circle as a full-fledged social punishment. The prison policy regarding inmates' family bounds, the propagation of the prison stigma to the relatives, as well as the upheavals faced in their everyday life explain and illustrate the ways in which prison experience and institutional power broaden to include the inmates' families. The article highlights the subjective boundaries of prisons, whose sovereignty and social impact extend far beyond their walls.

Le paradoxe de la modernisation carcérale. Ambivalence du bâti et de ses usages au sein de deux prisons belges
David SCHEER

Par la comparaison ethnographique des quotidiens de vie et de travail au sein de deux établissements pénitentiaires belges d'époques différentes, cet article illustre à la fois le paradoxe de la modernisation carcérale, à savoir la préférence des acteurs intra-muros pour les prisons vétustes au détriment des prisons neuves, et l'ambivalence du système carcéral au regard de l'architecture, c'est-à-dire le décalage entre le projet conçu et les pra-

The paradox of prison's modernization. Inmates and wardens' use of ambivalent architecture in two Belgian prisons
David SCHEER

By comparing the inmates and guards routine in two Belgian prisons – built at different periods of time – this article analyses both the paradox of prison modernization and the ambiguity of the prison system; respectively, the preference of actors for old prisons over new prisons and the gap between the architectural project and the practices in detention. Social interactions and behaviours inside

tiques et usages en détention. C'est la matérialité du dispositif – ses murs, ses lieux, sa texture, sa palpabilité... – qui sera questionnée. Le processus de conception des établissements carcéraux suppose l'investissement dans un modèle de société : le choix d'impliquer ou d'exclure, de « normer » ou d'accepter les individus qui composent le corps social. Penser les lieux d'incarcération consiste donc à façonner les manières de traiter les personnes condamnées par la justice pénale à une peine privative de liberté.

the walls are shaped by the design of incarceration areas. In other words, the architectural conception of prisons translates a particular ideal of the society: the choice to integrate or exclude, to "normalize" or accept the convicted as citizens.

Formes et régulations de l'enfermement psychiatrique : de la création de l'asile aux nouvelles unités sécurisées, l'exemple de l'hôpital du Vinatier
Benoît EYRAUD, Delphine MOREAU

Depuis quelques années, le souci de la sécurité a fait l'objet d'une attention particulière dans la psychiatrie publique française, se traduisant notamment par l'ouverture de nouveaux services très fermés. Cette évolution fait l'objet de critiques par un certain nombre d'intervenants et est d'autant plus mal vécue que le sens médical de la pratique psychiatrique et le souci de la protection des droits et de la dignité des patients sont régulièrement réaffirmés dans les textes officiels. Ce malaise sur la place de l'enfermement et de la contrainte en psychiatrie est récurrent. Cet article éclaire cet enjeu en examinant, à partir de l'exemple de l'hôpital du Vinatier, les évolutions du recours à l'enfermement sur plus d'un siècle. En restituant l'évolution des pratiques psychiatriques d'enfermement à partir de leur régulation juridique et organisationnelle, nous mettrons en évidence la persistance de la contrainte dans l'économie des modes de prise en charge de la maladie mentale. Nous montrerons que l'encadrement juridique ne joue pas qu'un rôle de légitimation mais également un rôle de problématisation de cette contrainte.

From Bron Asylum to the Special Security Unit of Vinatier Hospital : the Variations of Psychiatric Confinement's Regulations
Benoît EYRAUD, Delphine MOREAU

These last years, a special stress has been put on public safety in the French public psychiatry. This attention is especially manifest in the opening of new special security hospitalisation units. This development has been criticized by a number of practitioners who refer themselves to the importance of the protection of the rights and dignity of the patients, which is emphasized by the official texts. This discomfort about the place of confinement and restraint in psychiatry is recurrent. This article sheds light on this issue by examining the changes in the use of psychiatric confinement over a century in a particular institution, the Vinatier Hospital, near Lyon. Through the analysis of the evolution of psychiatric confinement practices and their legal and organizational control, it highlights the persistence of coercion in the economy of psychiatric institutions. In this context, we wish to show that the legal framework doesn't only legitimate psychiatric coercion, but that it also makes it appear as non-evident.

Terrain n°56 : « Analyses de sang »

Est accordée ici la priorité au sang des spécialistes de la santé publique et du domaine biomédical. Mais, loin de laisser de côté le symbolique ou le surnaturel, ce dossier s'attache à montrer comment le social, le culturel et le religieux s'immiscent dans des contextes où, pensait-on souvent, ils n'avaient guère leur place.

Terrain paraît semestriellement. Son ambition est de mieux faire connaître les études ethnologiques du domaine français et européen. Le dossier thématique est assorti de la rubrique « Repères », qui accueille des articles hors thème et d'autres traitant de la valorisation de la recherche, ainsi que des « Infos » sur l'actualité de l'ethnologie de l'Europe.

Ministère de la Culture et de la Communication
Direction générale des patrimoines
Département du pilotage de la recherche
et de la politique scientifique

6 rue des Pyramides
75001Paris
tél. : 33 (0)1 40 15 85 27
fax : 33 (0)1 40 15 87 33
christine.langlois@culture.fr
http://terrain.revues.org

Directeur de la publication
Pascal Liévaux

Conseil de rédaction
Christian Bromberger, Élisabeth Claverie, Nélia Dias, Stephen Hugh-Jones, Monique Jeudy-Ballini, Nicolas Journet, Gérard Lenclud, Birgit Meyer, Véronique Nahoum-Grappe, Anne-Christine Taylor, Claudine Vassas

Rédactrice en chef
Christine Langlois

Revue semestrielle
Format 21x27 cm
172 pages couleur
Prix 18 € en librairie
ou sur le site **www.lcdpu.fr**

Les abonnements sont adressés à :
COM & COM – Revue *Terrain*
20 avenue Édouard Herriot
92350 Le Plessis-Robinson
35 € pour 2 numéros sur 1 an
70 € pour 4 numéros sur 2 ans
Paiement à l'ordre de.
MSH / revue *Terrain*.

revue ***Terrain*** | NUMÉRO **56** | MARS 2011

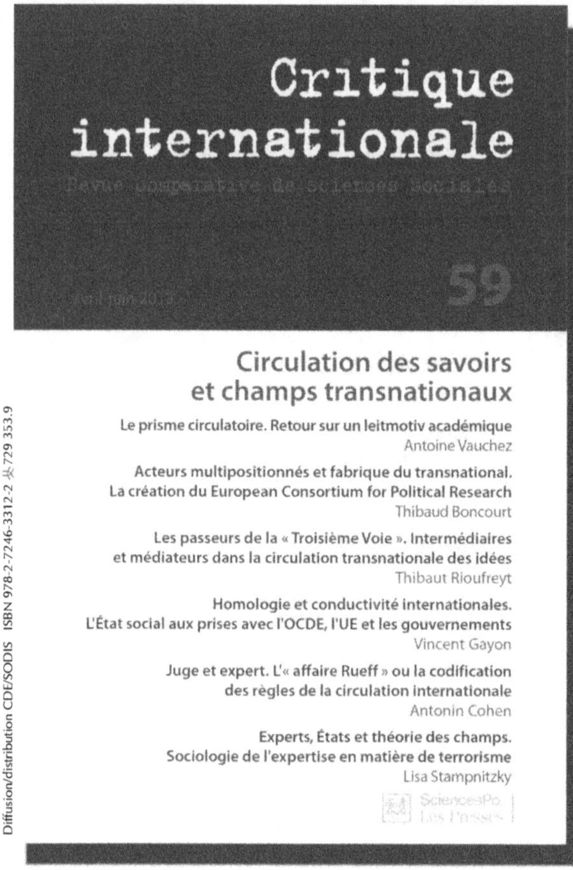
Critique internationale
Revue comparative de sciences sociales
59
Circulation des savoirs et champs transnationaux
Le prisme circulatoire. Retour sur un leitmotiv académique
Antoine Vauchez
Acteurs multipositionnés et fabrique du transnational. La création du European Consortium for Political Research
Thibaud Boncourt
Les passeurs de la « Troisième Voie ». Intermédiaires et médiateurs dans la circulation transnationale des idées
Thibaut Rioufreyt
Homologie et conductivité internationales. L'État social aux prises avec l'OCDE, l'UE et les gouvernements
Vincent Gayon
Juge et expert. L'« affaire Rueff » ou la codification des règles de la circulation internationale
Antonin Cohen
Experts, États et théorie des champs. Sociologie de l'expertise en matière de terrorisme
Lisa Stampnitzky
SciencesPo. Les Presses

Diffusion/distribution CDE/SODIS ISBN 978-2-7246-3312-2 729 353.9

Et aussi...

Fukushima, crise d'un modèle de gouvernance
par **Guibourg Delamotte**

Du nomadisme idéologique à l'allégeance partisane : les mondes franco-vénézuéliens de la réélection de Hugo Chávez (2012)
par **Fabrice Andréani**

Businesseurope au-delà du « lobbying » : le travail d'intégration européenne d'une organisation patronale
par **Hélène Michel**

Prochain Thema
Femmes combattantes
Sous la responsabilité de **Lætitia Bucaille**

Lutte armée et libération féminine. Théorie et construction des rapports de genre dans la guérilla kurde de Turquie
par **Olivier Grojean**

Des féminités mobilisées et incarcérées en Palestine
par **Stéphanie Latte Abdallah**

Quel engagement pour les femmes dans la lutte armée ? L'expérience combattante des femmes au Pérou entre 1980 et 2000
par **Camille Boutron**

Military service and citizenship from intersectionality perspective: The case of Israel
par **Orna Sasson-Levy, Edna Lomsky-Feder**

Tarifs d'abonnement 2013
Revue trimestrielle
France : Étudiants : 52 €, Particuliers : 56 €, Institutions : 78 €
Étranger : Particuliers : 65 €, Institutions : 95 € - Frais d'expédition par avion : 20 €
Prix du numéro hors abonnement : 19 €
Disponible en librairie

Rédaction

Critique internationale
CERI
56 rue Jacob - 75006 Paris
Tél. : 01 58 71 70 77 - Fax : 01 58 71 70 91
burucoa@ceri-sciences-po.org

Ventes et abonnements
Presses de Sciences Po
http://www.pressesdesciencespo.fr

Librairie des sciences politiques
30 rue Saint-Guillaume - 75006 Paris
librairie@sciences-po.fr

Revue soutenue par l'Institut des Sciences Humaines et Sociales du Centre National de la Recherche Scientifique (France)
ISSN 0769-3362

Droit et Société

Administration et abonnement

Librairie Générale de Droit et de Jurisprudence,
Lextenso éditions,
33 rue du Mail, F-75081 Paris cedex 02
Tél. : 01.56.54.16.00 Fax : 01.56.54.16.49

Secrétariat de rédaction

Institut des Sciences sociales du Politique, ENS Cachan,
61 av. du Président Wilson F-94235 Cachan cedex
Tél. : 01.47.40.59.63 Fax : 01.47.40.59.56
e-mail : geraldine.doite@isp.ens-cachan.fr

Au sommaire du numéro 83/2013

D&S Droit et Société

Revue soutenue par l'Institut des Sciences Humaines et Sociales du Centre National de la Recherche Scientifique (France)

ISSN 0769-3362

Administration et abonnement

Librairie Générale de Droit et de Jurisprudence,
Lextenso éditions,
33 rue du Mail, F-75081 Paris cedex 02
Tél. : 01.56.54.16.00 Fax : 01.56.54.16.49

Secrétariat de rédaction

Institut des Sciences sociales du Politique, ENS Cachan,
61 av. du Président Wilson F-94235 Cachan cedex
Tél. : 01.47.40.59.63 Fax : 01.47.40.59.56
e-mail : geraldine.doite@isp.ens-cachan.fr

Au sommaire du numéro 84/2013

Dossier : *Rationalité juridique* vs *rationalité managériale ?*
coordonné par Christine Rothmayr Allison

Question en débat : *Le droit européen acteur du « mariage pour tous » ?*

Études

À propos

Chronique bibliographique

BON D'ABONNEMENT / DE COMMANDE

NOM : ______________________________

Prénom : ______________________________

Organisme / Institution : ______________________

Complément (service, bureau, bât., etc.) : ____________

Adresse : ______________________________

Code postal : ___________________________

Ville : ______________________________

Pays : ______________________________

E-mail :______________________________

Pour faciliter la distribution à Paris (par coursier), merci d'indiquer vos codes d'immeubles :

____

O Je désire m'abonner à la revue Cultures & Conflits
(1 an - les 4 numéros de l'année civile)

- o France - 54,90 € / an (frais de port inclus)
- o Étranger - 61 € ou $ 80 / an (frais de port inclus)
- o Abonnement de soutien (à partir de 55 €) ____________
- o Abonnement institutionnel - 2 000 €

O Je désire commander 4 numéros aux choix (voir liste au verso)

1°______ 2°______ 3°______ 4°______

- o France 54,90 € / an (frais de port inclus)
- o Étranger 61 € ou $ 80 / an (frais de port inclus)

O Je désire commander le(s) numéro(s) suivant(s) de la revue Cultures & Conflits
(voir liste des anciens numéros et leur prix pages suivantes).

n°______ ______ (prix en €) x _____ (quantité)

n°______ ______ (prix en €) x _____ (quantité)

n°______ ______ (prix en €) x _____ (quantité)

n°______ ______ (prix en €) x _____ (quantité)

n°______ ______ (prix en €) x _____ (quantité)

n°______ ______ (prix en €) x _____ (quantité)

n°______ ______ (prix en €) x _____ (quantité)

n°______ ______ (prix en €) x _____ (quantité)

Total ______________€

Où vous êtes-vous procuré ce numéro ? ______________________

Bon à retourner à : l'Harmattan 5-7 rue de l'Ecole Polytechnique 75005 Paris
Chèque à libeller à l'ordre des éditions de l'Harmattan

Les numéros de Cultures & Conflits depuis 1990

n°1	La prolongation des conflits, 1990-1991	12.20€
n°2	Menace du Sud : images et réalités, 1991	12.20€
n°3	Mafia, drogue et politique, 1991	12.20€
n°4	Les réseaux internationaux de violence,1991-1992	12.20€
n°5	Violences urbaines : le retour du politique, 1992	13.75€
n°6	Emeutes urbaines, 1992	13.75€
n°7	Les nationalismes et la construction européenne, 1992	13.75€
n°8	Les conflits après la bipolarité, 1992-1993	13.75€
n°9/10	La violence politique dans les démocraties européennes occidentales, 1993	32.00€
n°11	Interventions armées et causes humanitaires, 1993	13.75€
n°12	L'action collective : terrains d'analyse, 1993	13.75€
n°13/14	Les disparitions, 1994	21.35€
n°15/16	Etat et communautarisme, 1994	21.35€
n°17	Les processus de transition à la démocratie, 1995	13.75€
n°18	La violence politique des enfants, 1995	13.75€
n°19/20	Troubler et inquiéter : les discours du désordre international, 1995	21.35€
n°21/22	L'international sans territoire, 1996	27.45€
n°23	Circuler, enfermer, éloigner : zones d'attente et centres de rétention des démocraties occidentales, 1996	13.75€
n°24/25	Survivre. Réflexions sur l'action en situation de chaos, 1997	19.85€
n°26/27	Contrôles : frontières-identités, 1997	22.90€
n°28	Interpréter l'Europe,1997	16.00€
n°29/30	Un nouveau paradigme de la violence ?, 1998	36.60€
n°31/32	Sécurité et immigration, 1998	22.90€
n°33/34	Les anonymes de la mondialisation, 1999	21.35€
n°35	Quelle place pour le pauvre ?, 1999	16.80€
n°36	Rationalités et Relations Internationales (1),1999	13.75€
n°37	Rationalités et Relations Internationales (2), 2000	13.75€
n°38/39	Sociologie de l'Europe. Mobilisations, élites et configurations institutionnelles, 2000	22.90€
n°40	Pacifications. Réconciliations (1), 2000	16.80€
n°41	Pacifications. Réconciliations (2), 2001	12.20€
n°42	Le crime organisé en Russie. Nouvelles approches, 2001	13.75€
n°43	Construire l'ennemi intérieur, 2001	16.80€
n°44	Défense et Identités. Un contexte sécuritaire global ?, 2001	18.30€
n°45	De Tampere à Séville : bilan de la sécurité européenne (1), 2002	16.00€
n°46	De Tampere à Séville : bilan de la sécurité européenne (2), 2002	16.00€
n°47	Les risques du métier, 2002	20.00€
n°48	Approches comparées des polices en Europe, 2002	18.00€
n°49	La mise à l'écart des étrangers : la logique du visa Schengen, 2003	18.30€
n°50	La mise à l'écart des étrangers : les effets du visa Schengen, 2003	18.30€
n°51	Facettes de l'(in)sécurité, 2003	17.50€
n°52	Les entreprises para-privées de coercition. De nouveaux mercenaires ?, 2003	17.50€
n°53	Surveillance politique. Regards croisés, 2004	14.50€
n°54	Approches critiques de la Sécurité. Une perspective canadienne, 2004.	18,00€
n°55	Prison et résistances politiques. Le grondement de la bataille, 2004	20,00€
n°56	Militaires et sécurité intérieure. L'Irlande du Nord comme métaphore, 2004	23,50€

n°57	L'Europe des camps. La mise à l'écart des étrangers, 2005	25,00€
n°58	Suspicion et exception, 2005	21,00€
n°59	Dialogues franco-brésiliens sur la violence et la démocratie, 2005	20,50€
n°60	L'action humanitaire : normes et pratiques, 2005	20,50€
n°61	Antiterrorisme et société, 2006	18,00€
n°62	Arrêter et juger en Europe, 2006	18,50€
n°63	Mort volontaire combattante : sacrifices et stratégies, 2006	16,50€
n°64	Identifier et surveiller : les technologies de sécurité, 2006	18,50€
n°65	Srebrenica 1995 : analyses croisées des enquêtes et des rapports, 2007	18,00€
n°66	Construire le voisin : pratiques européennes, 2007	18,50€
n°67	Militaires et engagements extérieurs, 2007	21,50€
n°68	Circulation et archipels de l'exception, 2007	19,00€
n°69	Xénophobie de gouvernement, nationalisme d'Etat, 2008	19,00€
n°70	Altermondialisme(s) oublié(s), 2008	21,00€
n°71	Confinement des étrangers : entre circulation et enfermement, 2008	19,00€
n°72	Frontières et logiques de passage : l'ordinaire des transgressions, 2008	16,50€
n°73	Frontières, marquages et disputes, 2009	14,50€
n°74	Sécurité et protection des données, 2009	21,00€
n°75	Crises et organisations internationales, 2009	15,50€
n°76	Fichage et listing : quelles incidences pour les individus ?, 2009	18,00€
n°77	Varia, 2010	13,50€
n°78	Biopolitique et gouvernement des populations. Perspectives autres, 2010	16,00€
n°79/80	Langue et politique : les mobilisations ethnolinguistiques en Europe, 2010	19,50€
n°81/82	Le passage par la violence en politique, 2011	24,00€
n°83	Le Genre globalisé, 2011	15,50€
n°84	Gouverner les frontières, 2011	16,00€
n°85/86	L'institutionnalisation du Parlement européen, 2012	24,00€
n°87	Guerres et reconnaissance, 2012	20,00€
n°88	Migrations climatiques, 2012	20,00€
n°89	Militantisme et répression, 2013	16,50€

L'HARMATTAN ITALIA
Via Degli Artisti 15; 10124 Torino

L'HARMATTAN HONGRIE
Könyvesbolt ; Kossuth L. u. 14-16
1053 Budapest

L'HARMATTAN KINSHASA
185, avenue Nyangwe
Commune de Lingwala
Kinshasa, R.D. Congo
(00243) 998697603 ou (00243) 999229662

L'HARMATTAN CONGO
67, av. E. P. Lumumba
Bât. – Congo Pharmacie (Bib. Nat.)
BP2874 Brazzaville
harmattan.congo@yahoo.fr

L'HARMATTAN GUINÉE
Almamya Rue KA 028, en face du restaurant Le Cèdre
OKB agency BP 3470 Conakry
(00224) 60 20 85 08
harmattanguinee@yahoo.fr

L'HARMATTAN CAMEROUN
BP 11486
Face à la SNI, immeuble Don Bosco
Yaoundé
(00237) 99 76 61 66
harmattancam@yahoo.fr

L'HARMATTAN CÔTE D'IVOIRE
Résidence Karl / cité des arts
Abidjan-Cocody 03 BP 1588 Abidjan 03
(00225) 05 77 87 31
etien_nda@yahoo.fr

L'HARMATTAN MAURITANIE
Espace El Kettab du livre francophone
N° 472 avenue du Palais des Congrès
BP 316 Nouakchott
(00222) 63 25 980

L'HARMATTAN SÉNÉGAL
« Villa Rose », rue de Diourbel X G, Point E
BP 45034 Dakar FANN
(00221) 33 825 98 58 / 77 242 25 08
senharmattan@gmail.com

L'HARMATTAN TOGO
1771, Bd du 13 janvier
BP 414 Lomé
Tél : 00 228 2201792
gerry@taama.net

Achevé d'imprimer par Corlet Numérique - 14110 Condé-sur-Noireau
N° d'Imprimeur : 101937 - Dépôt légal : octobre 2013 - *Imprimé en France*

www.ingramcontent.com/pod-product-compliance
Lightning Source LLC
LaVergne TN
LVHW080938071026
849535LV00013B/4247
* 9 7 8 2 3 4 3 0 1 9 0 9 3 *